DAS NEUE BRIDGE-GEFÜHL

Gewidmet:

Martha Lockau, der Witwe des Mannes,
der das Saatkorn lieferte,

der ungenannten Spielerin aus W.,
die es in die Erde legte, und

meiner Frau, die das Pflänzchen
begoß, umsorgte und gedeihen ließ.

Joachim Freiherr von Richthofen

DAS NEUE BRIDGE-GEFÜHL

8. Auflage

Bridge-Merkverse
– ernst und heiter –
machen Spaß
und helfen weiter

IDEA

Bibliographische Information der Deutschen Nationalbibliothek:

Die deutsche Nationalbibliothek verzeichnet diese Publikation in der deutschen Nationalbibliografie; detaillierte bibliografische Daten sind im Internet über dnb.d-nb.de abrufbar.

ISBN 978-3-98886-11-8

Inhalt

VORWORT 11
KAPITEL 0
EINIGE BEGRIFFSBESTIMMUNGEN VON HÄUFIG
VERWENDETEN AUSDRÜCKEN 17
TEIL I
Alleinspiel
KAPITEL 1
Halt, Spieler, halt! Fang noch nicht an:
Zunächst mal ist der Spielplan dran! 22
KAPITEL 2
Hüte Dich vor Überschwang,
denn futsch ist schnell ein Übergang! 30
KAPITEL 3
Dame leer, leer das As,
da bringt nur der Expass was. 39
KAPITEL 4
Dame leer und König leer (K x x x)
ist die Behandlung gar so schwer?
Nein!
Wenn man das As durch Expass fand,
dann hofft man, daß es double stand.
Nun spielt man klein aus beiden Händen
und alle Schwierigkeiten enden. 44
KAPITEL 5
Um die Aussichten zu steigern,
mußt Du im Sans manchmal „verweigern".
(Warum? Um zwischen Gegners Händen
jede Verbindung zu beenden).
Die Sieben eine Wunderzahl,
verrät Dir auch wieviele mal. 49
KAPITEL 6
Ist Dein Dummy lang und schwach,
duck, sonst geht's hinab den Bach! 62

KAPITEL 7
**Willst Du spielen Schnipp und Schnapp,
zieh erst die Gewinner ab!** 67
KAPITEL 8
**Willst du den Extrastich erzielen,
laß doch den Gegner für Dich spielen!
Er muß in einer Farbe kommen,
wenn Du die andren ihm genommen.** 71
KAPITEL 9
**Kannst Du nicht genug berappen,
laß die lange Trumpfhand schnappen!** 79
KAPITEL 10
**Hat ein Gegner „Hoch" gesprochen,
ist der Braten schon gerochen.** 86
INTERMEZZO
(Reizung) 92
KAPITEL 11
**Hast Du genau Vier-Drei-Drei-Drei,
ist Stayman nutzlos Spielerei** 93
KAPITEL 12
**Nach starkem Sprung bewahrst Du Ruh,
denn es genügt e i n Känguruh** 95
KAPITEL 12a
**Mit schwachen Händen: sprunghaft reizen!
Sind beide stark, mit Bietraum geizen!** 96
KAPITEL 14
**In Gegners Schlemm sollst Du bedenken:
Dein Kontra kann das Ausspiel lenken.** 97
KAPITEL 15
**Mußt nicht so oft nach Assen fragen,
wenn's besser ist, sie anzusagen.** 100

TEIL II
Gegenspiel
KAPITEL 16
König, Dame, Zehn
kann leicht in's Auge geh'n.
Dame, Bube, Klein:
das laß mal lieber sein!
Dame, Bube, Neun
sollte man auch noch scheu'n.
Dame, Bube, Zehn
läßt sich schon eher seh'n!
(Ausspiel allgemein) 106
KAPITEL 17 a
Das Ausspiel von der Fünferlänge
treibt den Gegner in die Enge.
(Ausspiel gegen SA) 110
KAPITEL 17 b
Fünf Karten mit As-Dame-Zehn:
Wo mag da wohl der König steh'n?
Steht links er, mit der Dame starte,
steht rechts er, spiel 'ne kleine Karte. 113
KAPITEL 17 c
Hast Du keine müde Mark,
ist Fünferlängen-Ausspiel Quark! 116
KAPITEL 18
Das Spiel vom vierten leeren König
kostet Zeit und bringt nur wenig.
Auch von der Dame, leer, zu viert
meist nur der Gegner profitiert.
(Dame, Zehn, zu viert, dagegen
ist schon eher zu erwägen).
Doch das größte aller Übel
ist das Spiel vom vierten Bübel! 118

KAPITEL 19
**Zeigt der Gegner große Stärke,
gehe aggressiv zu Werke!**
(Ausspiel gegen Farbkontrakte) 129
KAPITEL 20
**Reizt der Gegner eher schwächlich,
spiele aus passiv-gemächlich!** 132
KAPITEL 21
**Spät geeinigt in Atout?
Spiele Trumpf hinaus im Nu!** 134
KAPITEL 22
**Spiel doch nicht aus Dein Single Trumpf,
denn das macht Partners Waffen stumpf!** 142
KAPITEL 23
**Vier Trümpfe hast Du? Hör mal zu:
Greif an wie gegen Sans Atout!** 147
KAPITEL 24
**Das Single stets verlocken tut,
wer's ausspielt, oft verzocken tut:** 152
KAPITEL 25
**Wer sein Single spielt im Schlemm,
der ist arm – oder plemm-plemm.**
(Ausspiel gegen Farb-Klein-Schlemm) 158
KAPITEL 26
**Passives Ausspiel in Sechs Ohne
hilft dem Gegner nicht die Bohne.**
(Ausspiel gegen 6 SA) 162
KAPITEL 27
**Den Partner schwer schockiert,
wer sich nicht entblockiert.** 168
KAPITEL 28
**Von zwei Figuren deck' die zweite,
sonst erlebst Du manche Pleite.** 175

KAPITEL 29
Dritter Mann, so hoch er kann?
(oft falsch)
Liegt am Tisch nur Schrott,
spiel die Höchste flott!
(immer richtig)
(Spiel in 3. Hand) 180
KAPITEL 30 a
Ein Single liegt am Tisch, allein:
Wach auf! Schlaf bitte jetzt nicht ein.
Der Partner blickt auf das Signal,
das Du ihm gibst nach Lavinthal!
(Gegenspiel Farbkontrakt) 187
KAPITEL 30 b
Wenn Du dem Freund 'nen Schnapper gibst,
zeig ihm das Rückspiel, das Du liebst:
Hoch oder niedrig, das ist wichtig,
und wetten, er versteht Dich richtig? 190
KAPITEL 30 c
Auch im Sans ist Lavinthal
ein gutes „Rankommer"-Signal. 192
KAPITEL 31
Ist der Tisch in Einstichnöten,
muß man schnell den letzten töten. 195
KAPITEL 32
Auch im gepflegten Gegenspiel
bringt Ducken und Verweigern viel.
Beim zweiteren ist eines wichtig:
Markier die Länge immer richtig! 200
NACHWORT 206

VORWORT

Drei-Drei-Drei:
Bei Issos Keilerei!

oder

Sieben-Fünf-Drei:
Rom kroch aus dem Ei!

oder

Iller, Lech, Isar, Inn
fließen rechts zur Donau hin.
Altmühl, Naab und Regen
kommen links entgegen.

u. a. m.

Noch heute sitzen diese und andere Merkverse aus grauer Schulvorzeit bombensicher in den Gedächtnisschubladen unserer Köpfe und können bei Bedarf jederzeit hervorgeholt werden. Der Ursprung solcher Verse liegt im Dunkel. Waren es denkfaule Schüler oder didaktisch erfahrene Lehrer, die sie einst schmiedeten? Wahrscheinlich letztere. Für den Erfolg ist das allerdings ganz gleichgültig, denn jedermann kann heute noch auf Anhieb sagen, in welchem Jahr Alexander das Gemetzel unter den Persern veranstaltete, wann die Ewige Stadt gegründet wurde und in welcher Reihenfolge sich die rechten und die linken Nebenflüsse in Deutschland mit Mutter Donau vereinigen.

Selbst wenn man im Laufe der Jahre zu der Erkenntnis gelangt ist, die Schlachten des megalomanen Alexander, die Urbanisationsheldentaten der Wolfsmilchgewächse Romulus und Remus oder die naturtrüben schwäbisch-fränkisch-bayerischen Gewässer seien doch wohl nicht gar so interessant, daß man immer und sofort darüber Bescheid wissen müsse, bleibt doch die mnemotechnische Tatsache unbestreitbar: dank der albernen Merkverse von damals haben wir, sofern danach gefragt, – schwupp – die richtige Antwort parat.

Und das ist genau der Gedanke, der diesem Buch zu Grunde liegt. Wie schon der Titel andeutet, ist es anders als alle anderen Bridgelehrbücher. In zweiunddreißig Kapiteln sollen dem lernbegierigen Leser spiel- und reiztechnische Grundsätze in Form von möglichst einprägsamen Merkversen nahe- und beigebracht werden. Die Merkverse sollen dann in der Praxis helfen, im richtigen Augenblick das Richtige zu tun oder das Falsche zu unterlassen.

Wenn wir uns auf West nur einmal diese Reizung anhören wollen:

SÜD	WEST	NORD	OST
1 ♠	–	2 ♣	–
2 ♡	–	3 ♡	–
4 ♡	–	–	–

und mit der folgenden Hand das Ausspiel machen *dürfen* (das erste Ausspiel ist fast immer ein Privileg und so gut wie nie eine Strafe):

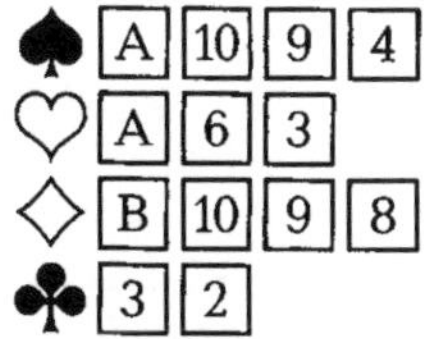

dann wird uns – hoffentlich – rechtzeitig der Merkvers des 21. Kapitels – die Ur-Strophe, die der Verfasser seinem unvergessenen Bridgelehrer Alfred Lockau verdankt – einfallen:

SPÄT GEEINIGT IN ATOUT:
SPIELE TRUMPF HINAUS IM NU!

In die einprägsame Form eines gereimten Zweizeilers gepreßt, ist dies nämlich eine der ganz, ganz wichtigen Regeln für das gute Ausspiel gegen Farbkontrakte: wenn jeder Gegner erst einmal eine Farbe reizt, die der Partner nicht unterstützt, und dann beide Gegner doch noch eine gemeinsame Trumpffarbe finden, ist der sofortige Trumpfangriff in aller Regel das beste, was man tun kann. Natürlich kann man auch theoretisch erklären und logisch begründen, weshalb der Trumpfangriff von West hier gut sein muß. Eine knappe Begründung und Erklärung wird auch jedem der fünfundvierzig Merkverse beigegeben. Für den – mit Verlaub – denkmüden Leser auf West genügt aber im Prinzip schon der Vers, der ihm aus der geöffneten Schublade Nr. 21 entgegenspringt, um folgerichtig die Coeur 3 auszuspielen. Wenn er dann mit Pik As zu Stich kommt, spielt er – ritschratsch – erst das Coeur As und anschließend sein drittes Coeur und nimmt dem Alleinspieler alle Möglichkeiten, den Kontrakt im Cross-Ruff (Schnipp-Schnapp) nach Hause zu tragen oder die Piks seiner Hand durch zweimaliges Schnappen am Tisch hochzuspielen.

Die Merkverse beziehen sich auf Spieltechniken, die in der umfangreichen anglo-amerikanischen Bridgeliteratur vielfach beschrieben sind. Der Verfasser stellte im Laufe der vergangenen sechs Jahre immer wieder fest, daß theoretisches Lernen aus Büchern, die zudem meist noch in einer Fremdsprache geschrieben sind, für das Gros der mittelalterlichen und älteren Bridgefreunde einfach zu schwer ist, was zum Teil auch darauf zurückzuführen ist, daß die Diagramme von Lehr- und Übungshänden zu klein gedruckt sind, so daß der Leser nie den Eindruck hat, wirklich Karten in der Hand zu haben. Und er stellte ferner fest, daß selbst bei Vorhandensein eines theoretischen Wissens etwas fehlt, das dieses Wissen erst wertvoll und nutzbar macht: die Brücke von der Theorie zur Praxis am Spieltisch. Und er stellte drittens fest, als er im Jahre 1976 die ersten zaghaften Versuche unternahm, Bridge-Merkverse zu schmieden und seinen Schülerinnen und Schülern zusammen mit dem theoretischen Lehrstoff zu liefern, daß dies für viele die *Brücke* war.

Daß dies so sein mußte, begriff er erst so richtig, als er zwei Jahre später eine ehemalige Schülerin wiedertraf, die ihn freudestrahlend begrüßte: „Dame, Bube, Klein? Das laß mal lieber sein!" und im weiteren Verlauf der Begrüßung alle sieben damals gelernten Bridge-Merkverse fehlerlos wiederholte und versicherte, es seither immer versgetreu und – richtig gemacht zu haben. Dieselbe Dame – ihr Name sei hier verschwiegen, aber vielleicht erkennt sie sich wieder – hatte die dreistellige Zahlenkombination ihres Kofferschlosses vergessen. Das gab den endgültigen Anstoß zu diesem Buch.

Das Buch ist also nicht für Experten, die ja ohnehin nur die kleine, weithin sichtbare Spitze des Bridge-Eisberges sind. Es ist vielmehr als Lernhilfe und Gedächtnisstütze für zahllose Bridgefreunde erdacht und geschrieben worden, die zwar ihre Spieltechnik verbessern wollen, die aber so unter beruflichem Streß oder unter der Last der Jahre stehen, daß sie keine Zeit oder Kraft für das theoretische Lernen aus Büchern oder Artikelserien der gängigen Art aufbringen können oder wollen.

Im Gegensatz zu den am Anfang zitierten Merkversen aus der Schulzeit vermitteln die gereimten Spielgrundsätze dieses Buches allerdings nicht das absolute, also immer und in jedem Fall zutreffende, sondern eher ein relatives, in der überwiegenden Mehrzahl der Fälle richtiges Wissen. Wenn der Leser sich beispielsweise beim Angriff gegen 3 SA der Gegner ganz strikt an den Merkvers des 18. Kapitels hält:

DOCH DAS GRÖSSTE ALLER ÜBEL
IST DAS SPIEL VOM VIERTEN BÜBEL,

dann wird er gelegentlich den Verfasser verwünschen, weil gerade das Ausspiel vom vierten leeren Buben *diesen* 3-SA-Kontrakt zu Fall gebracht hätte (sein Partner hatte nämlich ausnahmsweise zwei Figuren in der Farbe). In aller Regel aber ist dieser Angriff miserabel und schenkt dem Alleinspieler meist Stich und Tempo. Das Risiko einer solchen spontanen ad-hoc-Verwünschung muß der Verfasser tragen. Er nimmt aber an, daß die gelegentlichen Verwünschungen rein zahlenmäßig durch den Gegenzauber wesentlich häufigerer Feststellungen wie „Siehste, der Vers stimmt schon wieder!" oder „Donnerwetter, er hat ja recht!" mehr als aufgehoben werden.

Bridgezeitungen und der weitaus größere Teil der Bridgeliteratur haben als bevorzugtes Thema die Reizung und das Alleinspiel. Das Gegenspiel wird eigentlich recht stiefmütterlich behandelt, obwohl es doch viel häufiger vorkommt als das Alleinspiel: bei 10 000 Händen ist jeder am Tisch

rund 2500 mal Dummy und darf schlafen,
rund 2500 mal Alleinspieler, aber
rund 5000 mal Gegenspieler, also genau doppelt so oft wie Alleinspieler.

Aus diesem Grund sind auch wesentlich mehr Kapitel dieses Buches dem guten und gepflegten Gegenspiel gewidmet.

Nach Alfred Lockau und der ungenannten Schülerin mit dem Zahlenschloß verdankt dieses Buch einer dritten Person seine Entstehung: Joanmarie, der Frau des Verfassers, die zu den unmöglichsten Zeiten Kaffee kochen und Brote schmieren mußte, die nachts um vier aus tiefstem Schlaf gerissen wurde, um ihre Meinung zu dem neuesten Merkvers wie: „Wer sein Single spielt im Schlemm, der ist *arm* oder *plemm-plemm*" zu äußern, und die vor allem den Verfasser öfters ermahnen mußte, nicht allzu wilde stilistische Bocksprünge zu vollführen. Manchmal nützten auch die bestgemeinten Ermahnungen nichts, wie der Leser feststellen wird.

Der Verfasser hofft natürlich – ebenso wie der Herr Verleger –, seine Kinder, die Bridge-Merkverse, landauf, landab bald wiederzutreffen, und nichts würde ihn mehr freuen als die Tops, die die Leser dieses Buches mit Hilfe der Merkverse gegen ihn erzielen.

München am 31. Mai 1981

VORWORT ZUR 2. AUFLAGE

Wenn ein Bridge-Sachbuch ins 7. bis 9. Tausend geht, dann sieht es fast so aus, als hätten der Verleger die richtige Nase und der Verfasser die richtige Schreibmaschine gehabt.

Offenbar nicht die richtige Brille auf der Nase kann der Autor gehabt haben, als er im Frühjahr 1981 für die 1. Auflage insgesamt dreimal „Korrektur" und einmal „Revision" las: er war der felsenfesten Überzeugung, alle Setzeier und Druckfehler gefunden zu haben, und dachte, er wird von einem mittelgroßen Pferd getreten, als er das fertige Buch aufschlug und im Handumdrehen ein gutes Dutzend dämlicher kleiner (nicht sinnentstellender) Fehler entdeckte – Schicksal jedes Autors bei seinem Erstlingswerk, wie er sich später – zu spät – sagen lassen mußte.

In der neuen Auflage sind diese Fehler nun hoffentlich restlos korrigiert worden. Ein paar stilistische Böcke sind bei dieser Gelegenheit gleich mit verscheucht worden. Sachlich wurde gegenüber der 1. Auflage praktisch nichts geändert. Der oben im Vorwort zur 1. Auflage ausgesprochene Wunsch ist inzwischen in Erfüllung gegangen: ganz Bridge-Deutschland, -Österreich und die deutschsprachige Bridge-Schweiz lächeln – manche etwas gequält – über das „Vierte Bübel" und Genossen. Und das Single-Trumpf-Ausspiel steht jetzt bei 6000 Bridgespielern mehr auf dem Index. Der Verfasser wünscht Ihnen, verehrtes neues Mitglied der Lesergemeinde, viel Spaß bei der Lektüre und viel Erfolg bei Ihren künftigen Bridge-Unternehmungen, an die Sie mit einem völlig neuen Bridgegefühl herangehen werden.

München/Idstein (Taunus), im Februar 1984

KAPITEL 0

EINIGE BEGRIFFSBESTIMMUNGEN VON HÄUFIG VERWENDETEN AUSDRÜCKEN

ANGRIFF, AUSSPIEL (engl.: opening lead, frz.: entame)
1. die Berechtigung bzw. Verpflichtung des links vom Alleinspieler sitzenden Gegenspielers, eine Karte auf den Tisch zu legen und damit das Spiel zu beginnen.
2. die auf Grund dieser Berechtigung bzw. Verpflichtung gewählte Karte.

BEDIENEN das Zugeben einer Karte in der zum betreffenden Stich gespielten Farbe.

CHICANE (= Tschiekehn), die Bezeichnung für eine Null-Länge in einer Farbe, z.B. Chicane Coeur = die betreffende Hand besitzt keine Coeurkarte.

DOUBLE, DOUBLETON die Bezeichnung einer Zweierlänge in einer Farbe, z. B. der double Karo König = K x in Karo.

DUCKEN einen Stich nicht nehmen, um die Verbindung zwischen zwei Partnerhänden aufrechtzuerhalten.

EXPASS das Spiel zu einer Figur, in der Hoffnung, mit dieser Figur einen Stich zu gewinnen, weil die um eins höhere Figur des Gegners (= das Expassobjekt) *davor* steht, z.B.:

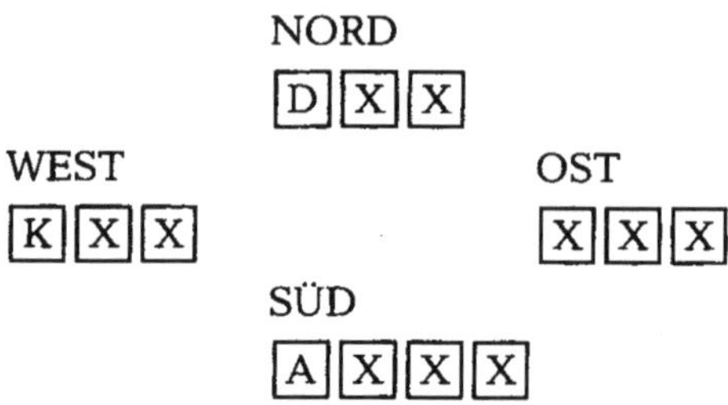

Süd spielt klein zur Dame des Tisches, in der Hoffnung, daß der König bei West steht und die Dame deshalb einen Stich gewinnen kann.

IMPASS (Synonyma: Schnitt, Finesse)

1. das Spiel in Richtung auf zwei auseinanderliegende Figuren (eine „Gabel") in der Hoffnung, daß eine gegnerische Figur, die um eins kleiner als die höhere Gabelfigur ist, *vor* der Gabel steht, z. B.:

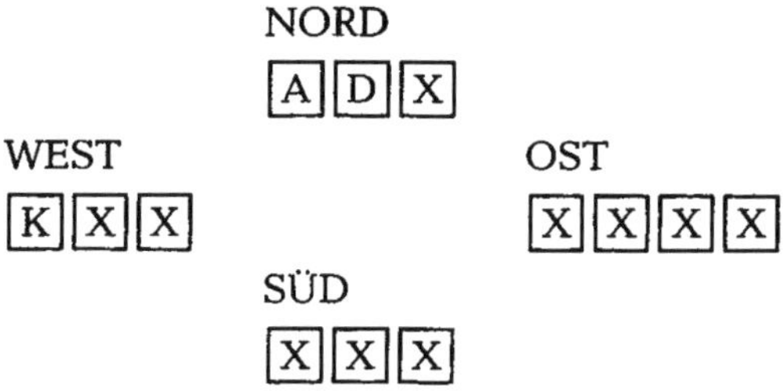

Süd spielt klein zur Dame des Tisches in der Hoffnung, den König (= das Impassobjekt) bei West zu finden und zwei Stiche in dieser Farbe zu erzielen.

2. das Spiel von zwei aneinanderliegenden Karten zu einer höheren Figur, in der Hoffnung, daß die dazwischenliegende gegnerische Figur *vor* der höheren Figur steht, z. B.:

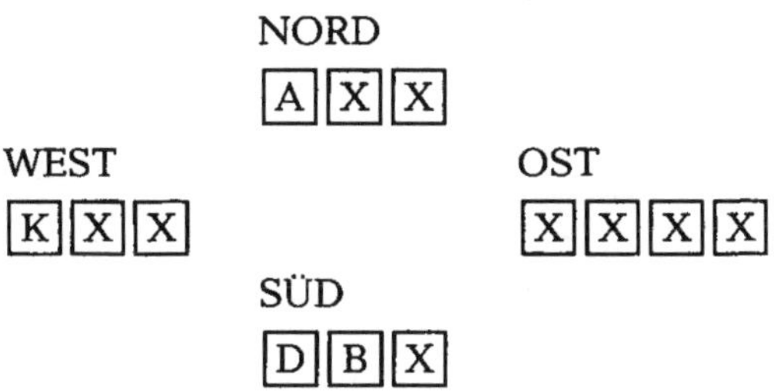

Süd braucht schnell zwei Stiche und spielt die Dame, in der Hoffnung, den König bei West zu finden.

3. TIEFSCHNITT: das Spiel in Richtung auf eine doppelte Gabel, in der Hoffnung, daß *zwei* gegnerische Figuren vor der Doppelgabel sitzen, z. B.:

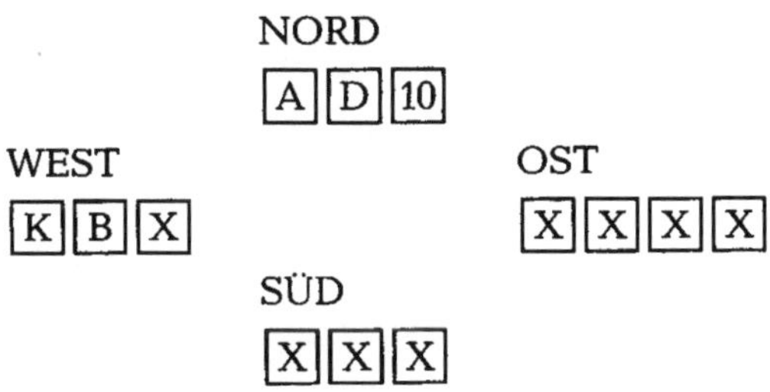

Süd spielt klein zur 10 des Tisches in der Hoffnung, den Buben (und den König) bei West zu finden, oder

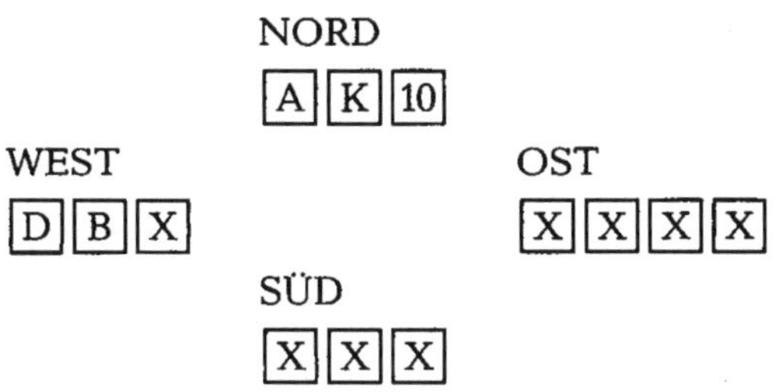

Süd spielt klein zur 10 in der Hoffnung, D und B bei West zu finden.

4. DOPPELSCHNITT: das Spiel zu einer Figurenkombination in der Hoffnung, *eine* von zwei fehlenden Figuren *vor* der Figurenkombination zu finden. Beim Doppelschnitt ist man willens, den ersten Stich zu verlieren:

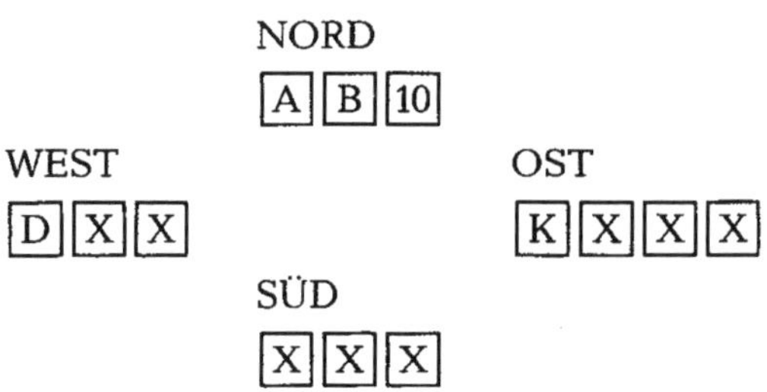

Süd hofft, um zwei Stiche zu erzielen, daß eine der beiden Hochfiguren bei West sitzt, und spielt klein zur 10 des Tisches, Ost gewinnt mit dem König. Später wiederholt Süd den Impass zum Buben des Tisches. Doppelschnitt und Tiefschnitt sind also nicht genau das gleiche.

LEER eine Figur in einer Farbe, die in ihrem Gefolge nur noch kleine Karten hat, z. B. der „leere König zu viert" = K xxx.

NEHMEN einen Stich gewinnen. In Österreich sagt man auch STECHEN. Da man in Deutschland unter STECHEN nur das Trumpfen oder Schnappen versteht, wurde das Wort zur Vermeidung von Mißverständnissen nicht verwendet.

PROZENT die Wahrscheinlichkeit für eine bestimmte Chance, berechnet auf eine unendlich hohe Anzahl von Fällen. Die Kenntnis der wichtigsten Prozentzahlen ist unerläßlich für gutes Spiel. Hier einige der am häufigsten vorkommenden Prozente:

Schnitt	50% ja	50% nein
3 – 2-Verteilung	68% ja	32% nein
3 – 3-Verteilung	36% ja	64% nein
4 – 2-Verteilung	48% ja	52% nein
2 – 2-Verteilung	40% ja	60% nein
3 – 1-Verteilung	50% ja	50% nein
2 – 1-Verteilung	78% ja	22% nein
1 – 1-Verteilung	52% ja	48% nein

Wenn man aus Reizung oder Gegenspiel keine Anhaltspunkte hat, tut man gut daran, immer mit der mathematisch besseren Chance, also mit der höheren Wahrscheinlichkeit, ausgedrückt in Prozenten, zu spielen.

SINGLE, SINGLETON die Bezeichnung für eine Einerlänge einer Farbe. Single Pik = eine Karte in Pik.

STECHEN s. u. NEHMEN

SPIELPLAN die vor Beginn des Spiels zu leistende Gedankenarbeit, ohne die es einfach nicht geht.

TRUMPFEN, SCHNAPPEN das Spiel einer Trumpfkarte in einem Stich, dessen ausgespielte Farbe der Trumpfende nicht bedienen kann.

VIERTE, der, die Bezeichnung der Viererlänge einer Farbe, z. B. der vierte König, die vierte Dame, der vierte Bube = K xxx, D xxx bzw. B xxx.

VERWEIGERN (engl.: Hold up), einen Stich nicht nehmen in der Absicht, die Verbindung zwischen den gegnerischen Händen in dieser Farbe zu zerstören.

TEIL I

Alleinspiel

KAPITEL 1

Halt, Spieler, halt! Fang noch nicht an: Zunächst mal ist der Spielplan dran!

Wenn jemand über Weihnachten nach Kitzbühel oder St. Anton zu fahren beabsichtigt, um mit Ehegemahl, Kindern und Enkeln die Festtage im Tiroler Schnee zu feiern, dann tut er gut daran, die benötigten Zimmer und Betten schon im Januar oder Februar zu bestellen. Niemand käme wohl auf den Gedanken, am 22. Dezember auf gut Glück loszufahren, denn die Tiroler Dezembernächte sind erfahrungsgemäß bitterkalt, besonders wenn man sie im Auto oder im Wartesaal 2. Klasse der ÖBB verbringen muß.

Derselbe Jemand, der so sorgfältig vorausplante und schon im Frühjahr weiß, wo er und seine Lieben zehn Monate später die Ruhe und den Frieden der Nacht in Wärme und Geborgenheit erleben werden, verhält sich als Alleinspieler oft – viel zu oft – vollkommen anders und eigentlich ganz und gar atypisch. Es ist für Abertausende von Alleinspielern und -spielerinnen offenbar ausgesprochen lästig, vor Beginn des eigenen Spiels, also nach erfolgtem Angriff und dem Erscheinen des Tisches, erst einmal tief durchzuatmen und einen sorgfältigen Spielplan auszuarbeiten. Da wird – ruckzuck – sofort einmal eine Karte vom Tisch gespielt und – hopplahopp – der zweite, dritte, vierte Stich hingeblättert. Dann gerät die Maschinerie ins Stocken, denn man ist schon – plumps – gefallen.

Das Argument gegen einen sorgfältigen Spielplan: „Bei uns im Club werden die Gegner sofort ungeduldig und fangen an zu schimpfen, wenn ich vor Spielbeginn mal einen Moment lang nachdenke" ist nicht etwa eine Erfindung von Leuten, die neuerdings Bridgebücher schreiben. Man kann dieses Argument hundertfach zu hören bekommen und möchte es einfach nicht glauben, daß es solche spielplanfeindliche Clubs wirklich gibt. Das Argument ist natürlich vollkommen absurd und im übrigen leicht widerlegbar. Beim Turnier hat man für jede Hand rund sieben Minuten zur Verfügung. Für die Reizung gehen davon durchschnittlich eineinhalb drauf. Die restlichen fünfeinhalb Minuten gehören dem Spiel. Zeit genug also, um einen sorgfältigen Plan anzufertigen – das darf ruhig zwei Minuten dauern – und dann die Hand plangemäß flott abzuspielen. Im Endeffekt kommt es doch rein zeitlich auf das gleiche heraus: wenn wir erst ruckzuck, hopplahopp – plumps spielen und dann beim fünften Stich in dumpfes Brüten darüber versinken, ob und wie wir den verfahrenen Karren noch aus dem Dreck ziehen können (falsch), oder wenn wir erst einmal denken und planen und dann die Hand zügig abspielen (richtig), haben wir nach dem dreizehnten Stich per Saldo in beiden Fällen ziemlich genau die gleiche Zeit verbraucht.

Was ist das überhaupt, so ein Spielplan? Er besteht, nachdem wir die ausgespielte Karte unseres linken Gegners und die Karten des Tisches sehen können, aus folgenden Überlegungen:

1. Wie lautet der Kontrakt und wie viele Stiche muß ich demzufolge machen?

2. Wie viele Stiche habe ich bereits sicher im Sack und wie viele Stiche muß ich deshalb noch entwickeln, finden oder stehlen?

3. Aus welcher Farbe können die noch benötigten Stiche kommen?

4. Was muß ich tun – welche Techniken stehen mir zur Verfügung –, um die notwendigen Stiche zu machen?

5. Droht womöglich die Gefahr, daß der Gegner meinen schönen Kontrakt zu Fall bringt, *bevor* ich die benötigte Anzahl von Stichen entwickelt *und* kassiert habe.?

   a) droht diese Gefahr aus der Reizung?

   b) droht sie aus dem erfolgten Ausspiel?

6. Wie kann ich dieser drohenden Gefahr begegnen?

Nachdem wir diese Überlegungen getroffen haben, werden wir die Antworten auf die Fragen, die wir uns da selbst gestellt haben, zu einem Plan verarbeiten. Und das ist meistens schon das ganze Geheimnis. Am schwierigsten ist wohl die Frage Nr. 4 zu beantworten. Hier muß man an die verschiedenen Möglichkeiten denken und gegebenenfalls eine Gedächtnisschublade nach der anderen aufziehen und hineinschauen, ob das Passende drin ist, und darf dabei einen sehr wichtigen Gesichtspunkt – die Frage der benötigten und vorhandenen Übergänge von der Hand zum Tisch und umgekehrt (vgl. Kap. 2) – nie außer acht lassen. Aber sehen wir uns doch mal ein paar Hände und die dazugehörigen Spielpläne an, wie wär's?

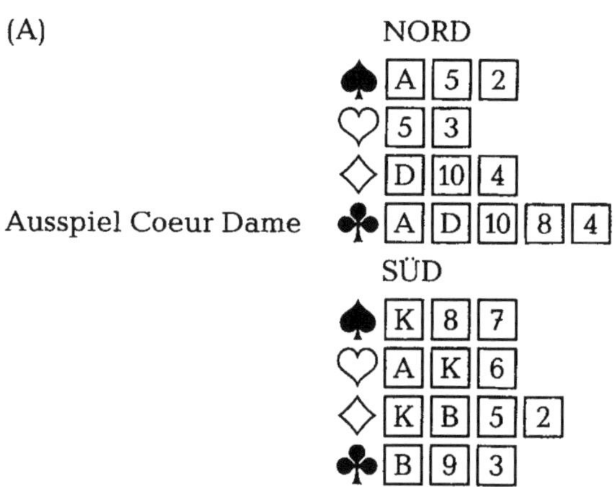

West greift mit der Coeur Dame gegen unsere 3 SA von Süd an. Süds Spielplan nach dem obigen Schema sollte ungefähr so aussehen:

1. Der Kontrakt ist 3 SA und ich muß (mindestens) neun Stiche machen.

2. Sicher im Sack habe ich erst fünf Stiche, nämlich Pik A, K, Coeur A, K und Treff A. Also muß ich noch (mindestens) vier Stiche entwickeln.

3. Aus der Treff-Farbe könnten alle vier Stiche kommen, wenn der Treff König links, also bei West, steht. Steht er aber bei Ost, bringt die Treff-Farbe nur drei zusätzliche Stiche. In diesem Fall müßte der neunte Stich aus der Karofarbe kommen.

4. Ich muß also sowohl das Karo-As der Gegner heraustreiben, als auch die Treffs „klären", und zwar in dieser Reihenfolge, denn:

5. Drohen irgendwelche Gefahren? Da der Gegner nicht gereizt hat, fällt 5a) weg. Bleibt 5b). West hat vermutlich von D B 10 x oder – gefährlicher – von D B 10 xx angegriffen. Es droht im letzteren Fall die Gefahr, daß Ost-West drei Coeurstiche plus Karo As plus Treff König machen, sofern der Treff-König „schlecht", also bei Ost steht.

6. Kann ich dieser Gefahr begegnen und wie? Ich kann, und wie! Ich muß nur die Verbindung zwischen Ost und West unterbrochen haben, bevor ich den Treff-Schnitt zu A D 10 8 4 des Tisches mache, so daß Ost, falls er den Treff König tatsächlich hat, seinen Partner nicht mehr mit Coeur erreichen kann.

Der Plan ist fertig, es kann losgehen. Wir gewinnen den ersten Stich mit dem Coeur As und spielen sogleich Karo, bis das As fällt. Das anschließende Coeurspiel (von Ost oder West) müssen wir einmal verweigern (= nicht nehmen), um besagte Coeur-Verbindung zu zerstören. Die dritte Coeur-Runde nehmen wir mit dem König, es bleibt uns ja auch gar nichts anderes übrig, und machen nun in aller Gemütsruhe den Treff-Schnitt gegen die Westhand, indem wir Treff B vorlegen und laufen lassen. Falls West den Treff König hat, können wir den Impass insgesamt dreimal gegen ihn anlegen. Hat dagegen Ost den Treff König, tut uns das auch nicht weiter weh: entweder besitzt Ost jetzt kein Coeur mehr, um es durchzuspielen, oder er hat zwar noch ein Coeur, aber dann hatte West ursprünglich nur D B 10 x und kann unseren Kontrakt auch nicht zu Fall bringen. Falls der Treff König in dieser Hand bei West saß, macht man bei diesem sorgfältig und vorsichtig geplanten Alleinspiel elf Stiche. Saß er dagegen bei Ost, sind es neun oder zehn Stiche. Lassen wir uns bitte nicht irritieren, wenn wir den Scorezettel aufmachen und feststellen müssen, daß ein oder zwei Südspieler zwölf Stiche gemacht haben. Diese Spieler haben vermutlich die zweite Coeurrunde nicht verweigert und damit riskiert, in einem *unverlierbaren* Kontrakt zu fallen. Wichtig bei der Planung war nur, daß wir erst das Karo As heraustreiben, dann das Coeur einmal verweigern und schließlich den Treff-Impass machen. Bei umgekehrter Reihenfolge wären wir down gegangen, wenn das Karo As bei West sitzt und Ost den Treff K hat.

(B)

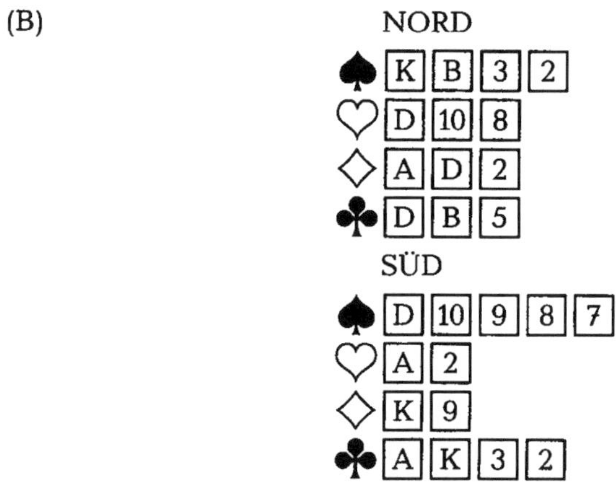

West hat gegen unsere 4 Pik (ein bisserl feig?) von Süd mit der Coeur 7 angegriffen, nachdem Ost einmal Coeur dazwischengequasselt hat. Vom Tisch geben wir die Coeur 8, und Ost spielt die 9, die wir mit dem As nehmen. Wir sind ziemlich sauer, daß wir nicht 6 Pik gereizt haben, wollen aber jetzt wenigstens zwölf Stiche machen, immerhin spielen wir Paarturnier, und da bringt der zwölfte Stich noch einen ganzen Sack voll Punkte. Spielplan nach dem Schema von Seite 23/24:

1. Der Kontrakt ist zwar nur 4 Pik, aber wir wollen zwölf Stiche machen.

2. Das sollte nicht allzu schwer sein, denn wir sehen vier Treff-, drei Karostiche, einen Coeurstich und vier Pikstiche.

3. unerheblich

4. unerheblich

5. Vorsicht! Durch das giftige Coeur-Ausspiel drohen à tempo zwei Verluststiche, nämlich Pik As und ein Coeurstich. Falls wir also (ohne Plan) erst einmal Trumpf spielen, verlieren wir sofort zwei Stiche.

6. Kann ich das vermeiden? Na klar doch: wir müssen den lästigen Coeur-Verlierer aus der Hand los werden, *bevor* wir dem Gegner durch unser Pikspiel Gelegenheit geben, den Coeur König abzukassieren. Wir werden also erst einmal drei Runden Karo spielen, und auf das dritte hohe Karo des Tisches verschwindet die Coeur 2 der Hand auf Nimmerwiedersehen für Osts Coeur König. Dann erst werden wir Pik spielen.

Plan beendet. Dauer der Spieldurchführung: 18 Sekunden, wenn es hoch kommt.

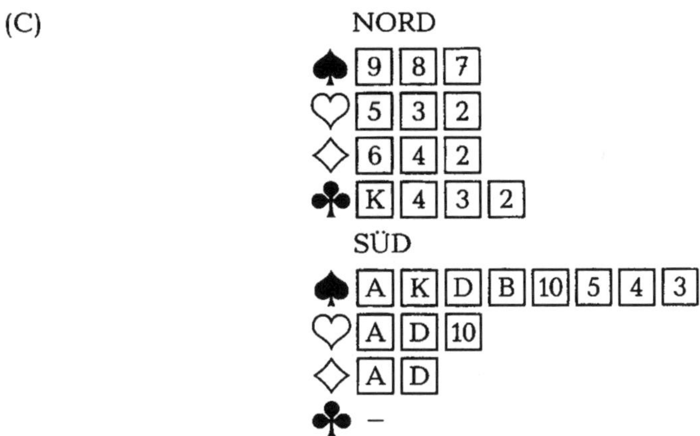

West hat gegen unseren 6-Pik-Kontrakt (ein bisserl mutig?) mit der Treff Dame angegriffen, die wir am Tisch nicht decken. Ost

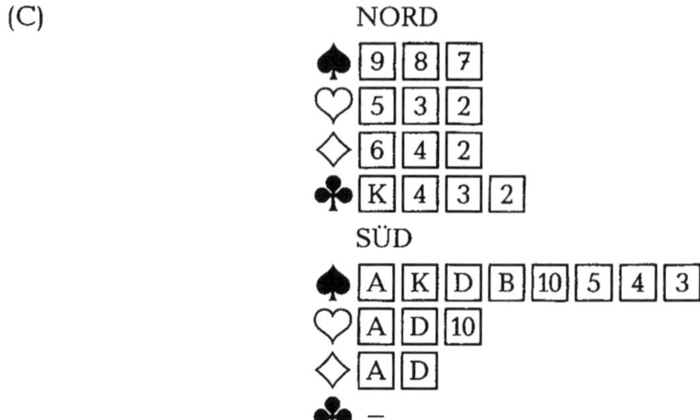

gibt die ermutigende Treff 9 und wir machen spätestens *jetzt* unseren Spielplan:

1. Kontrakt = 6 Pik. Wir müssen 12 Stiche machen.

2. Wir haben erst zehn davon sicher, nämlich acht Pik- und je einen Coeur- und Karostich.

3. Die restlichen beiden Stiche müssen aus (gelungenen) Schnitten vom Tisch gegen die Osthand kommen, denn wenn wir die roten Farben aus der Hand spielen, verlieren wir drei Stiche.

4. Wir müssen also, um alle – wenn auch noch so dürftigen – Möglichkeiten auszuschöpfen, drei Schnitte (impasses) vom Tisch zur Hand machen und hoffen, daß zwei davon gelingen. Um dreimal vom Tisch spielen zu können, benötige ich drei Übergänge, drei!

5. Diesmal droht vom Gegner keine Gefahr, sondern nur von uns selbst.

Wenn wir hier nämlich nicht höllisch aufpassen und *vor* der ersten aus der Hand gespielten Karte einen SPIELPLAN machen, in dem die Frage der Übergänge eine zentrale Rolle spielen muß, ist es u.U. schon zu spät: Pik 9, 8 und 7 des Tisches bilden die drei benötigten Übergänge zum Tisch, vorausgesetzt allerdings, wir stechen Wests Treff Dame mit einer hohen Pikkarte, am besten mit dem Pik

As, das demoralisiert den Gegner vielleicht gleich ein bißchen. Als nächstes gehen wir mit Pik 5 zur 9 des Tisches und spielen klein Karo zur Dame der Hand. Wenn die den Stich gewinnt, ist das schon die halbe Miete. Wir erreichen abermals den Tisch (Pik 4 zur 8) und spielen klein Coeur zur 10 der Hand. Falls der Bube bei Ost sitzt und die Coeur 10 bis zum König bei West durchzieht, ist der Kontrakt schon gewonnen. Nimmt aber West mit dem Coeur Buben, müssen wir ein drittes Mal zum Tisch (Pik 3 zur Pik 7), um jetzt zur Coeur Dame zu impassieren. Hätten wir bei Stich Nr. 1 sorg- und planlos mit einer der drei kleinen Pikkarten der Hand getrumpft, dann hätten wir uns selbst einen der drei vitalen Übergänge zum Tisch weggenommen.

Wir sehen schon: ohne Spielplan geht es einfach nicht, und aus diesem Grund werden wir – selbst bei scheinbar babyleichten Händen – als erstes immer wieder in Gedanken den Vers aufsagen:

HALT, SPIELER, HALT! FANG NOCH NICHT AN!
ERST EINMAL IST DER SPIELPLAN DRAN!

KAPITEL 2

Hüte Dich vor Überschwang, denn futsch ist schnell ein Übergang!

Übergänge von der Hand zum Tisch (und umgekehrt) sind in fast allen Händen von spielentscheidender Bedeutung. Bei sorgfältiger Planung müssen deshalb die
a) benötigten,
b) vorhandenen
Übergänge in dieser Reihenfolge geprüft werden.

Es gibt leicht erkennbare Übergänge wie z. B. ein As gegenüber einem x, K D gegenüber x x, D B 10 gegenüber x x x, D x x gegenüber A K x oder B x x x gegenüber A K D x.

Dann gibt es leicht verborgene Übergänge, die wir entdecken müssen, falls wir sie benötigen: B 10 gegenüber A K x x ist ein sicherer Übergang, wenn wir es uns leisten können, zweimal klein unter A K zu spielen und einen Stich an die Dame zu verlieren. Ebenso bildet die Kombination D B x gegenüber A x x einen sicheren Übergang, doch davon später. Eine andere Art des verborgenen Übergangs wird oft übersehen:

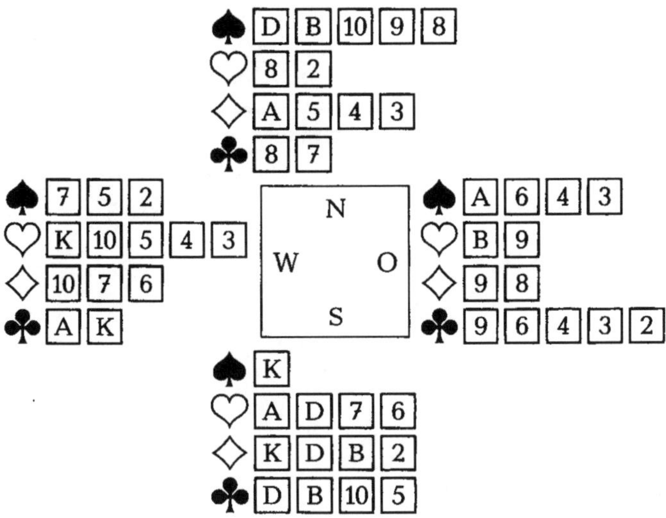

Süd ist Alleinspieler in 3 SA und erhält von West den Angriff Coeur 4. Ost gibt den Buben, Süd gewinnt mit der Dame und zählt die vorhandenen Stiche: zwei Coeur- und vier Karostiche sind im Augenblick alles, was Tisch und Hand zu bieten haben. Diese Hand muß also über die solide Piklänge des Tisches gespielt werden, die vier weitere Stiche ergeben wird. Süd legt deshalb den Pik König hin, den Ost beim Anblick des Tisches selbstverständlich nicht nimmt. Aus diesem Grund benötigt Süd jetzt *zwei* Übergänge zum Tisch: den ersten, um vom Tisch aus das lästige Pik As aus dem Weg zu räumen, und später den zweiten, um die restliche Pikernte einzubringen. Wenn Süd jetzt im Überschwang die Karo 2 zum As des Tisches spielt, ist dies gleichbedeutend mit dem Todesurteil für den Tisch und den Kontrakt, denn es gibt keine Möglichkeit mehr , den Tisch das zweite, entscheidende Mal zu erreichen. Süd hätte unbedingt vorher Ausschau nach dem vitalen zweiten Übergang halten müssen und ihn in Form seiner eigenen Karo 2 und der Karo 3, 4 oder 5 des Tisches entdecken können, sofern die Karokarten der Gegner im Verhältnis 3 : 2 verteilt sind, was immerhin in 68% aller Fälle so ist. Süd spielt deshalb korrekterweise Karo K und D ab und stellt mit Erleichterung fest, daß beide Gegner beide Male Karo bedient haben. Jetzt kann er nämlich den Karo Buben mit dem As des Tisches übernehmen (die 10 fällt darunter) und dort sein Pikgeschäft verrichten. Ost muß irgendwann sein Pik As hergeben und wird Coeur zurückspielen. Süd gewinnt mit dem As und erreicht jetzt den Tisch mit der Karo 2 zur Karo 5, um nun insgesamt zehn Stiche zu machen (2 Coeur-, 4 Karo- und 4 Pikstiche).

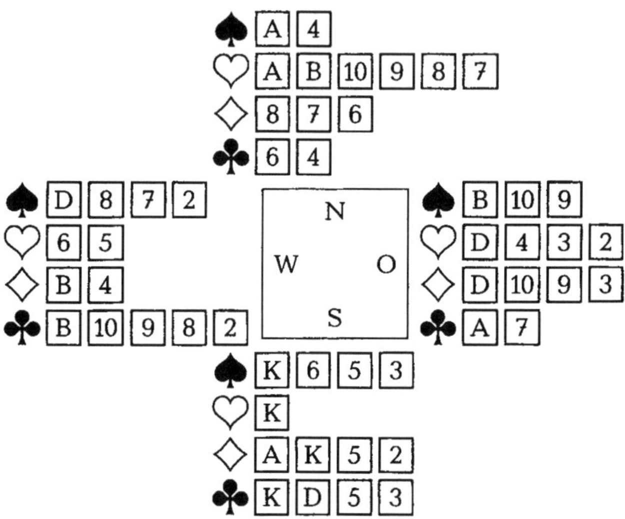

Wir sind schon wieder Alleinspieler in 3 SA. Im Teamturnier oder Rubberbridge wären wir vielleicht besser in 4 Coeur von Nord, aber im Paarturnier gefällt uns der 3 SA-Kontrakt eigentlich sehr gut, vorausgesetzt, wir spielen ihn anständig. West greift gegen unsere 3 SA von Süd mit dem Treff Buben an, den Ost mit dem As übernimmt. Das Treff-Rückspiel von Ost nehmen wir mit K oder D und zählen: 2 Pik-, 2 Coeur-, 2 Karo- und 2 Treffstiche. Einer zu wenig an Bord. Weitere drei Stiche winken aber in Form der prächtigen Coeurkarten des Tisches. Allerdings nur, wenn wir uns ein bißchen zusammennehmen und nicht wieder im Überschwang – soll heißen, zu schnell und unüberlegt – handeln. Wenn wir nämlich den Coeur König spielen und vom Tisch die 7 geben, ist alles schon wieder vorbei und verloren. Wir kommen zwar mit dem Pik As einmal zum Tisch und können jetzt nur noch auf das Wunder hoffen, daß die Coeur Dame unter das As fällt und uns dadurch den Weg für weitere Coeurstiche freigibt. Aber Wunder sind so schrecklich selten, daß wir auf diese Chance natürlich nicht spielen dürfen. Vielmehr werden wir in Stich Nr. 3 den Coeur *König* der Hand mit dem *As* des Tisches *übernehmen* und solange vom Tisch Coeur weiterspielen, bis die Coeur Dame von Ost genommen wird. Jetzt können wir den Tisch mit Pik As erreichen und machen dort die übrigen Coeurstiche.

Ein letztes Beispiel für „verborgene“ Übergänge:

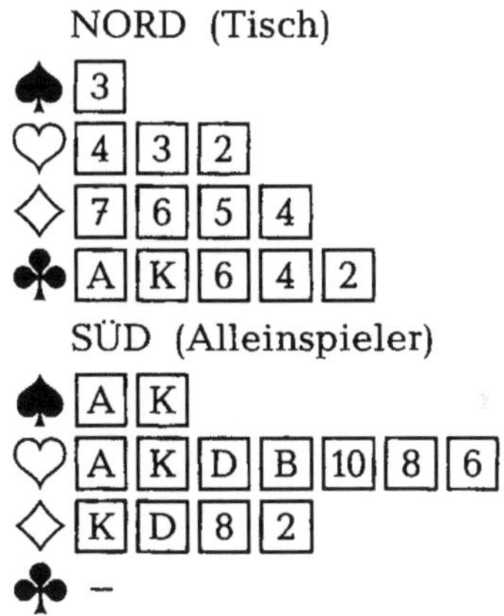

Süd ist Alleinspieler in Sechs Coeur. West greift mit der Pik Dame an. Der Alleinspieler sieht in die böse Fratze von zwei bis drei Karo-Verluststichen, es sei denn, er kann auf Treff As und König des Tisches zwei kleine Karokarten aus der Hand absetzen. Aber wie kommt er an den Tisch? Süd spielt erst einmal das Trumpf As

„für alle Fälle" und stellt dabei fest, daß alle drei ausstehenden Trumpfkarten bei Ost stehen, denn West gibt ein kleines Pik. Vielleicht lesen wir jetzt *nicht* weiter, sondern sehen uns zur Schulung unseres eigenen konstruktiven Übergangsdenkens noch einmal Tisch und Hand genau an. BITTE NICHT WEITERLESEN, ERFÜLLEN WIR SELBSTÄNDIG 6 COEUR!

Na also, wir haben den Übergang ja aus eigener Kraft entdeckt. Wir haben Trumpf nicht weitergespielt, sondern unseren hohen Pik König am Tisch getrumpft, Treff As und König abgespielt und aus der Hand die beiden kleinen Karos abgeworfen. Jetzt gehen wir mit dem letzten Trumpf des Tisches in die Hand zurück, ziehen Osts letztes Atout und überlassen dem Gegner nur das Karo As, und sonst gar nichts.

Auch wenn uns das Südherz vor Aufregung hämmert – wir haben schließlich vor zwei Sekunden zum ersten Mal seit drei Jahren SIEBEN SANS-ATOUT gereizt, müssen wir Ruhe und Übersicht bewahren. West spielt gegen unsere 7 SA ein kleines Coeur aus.

Der Nordspieler, unser Partner, legt totenblaß seine Karten auf den Tisch und stammelt Unverständliches. Vielleicht betet er. Wir sehen:

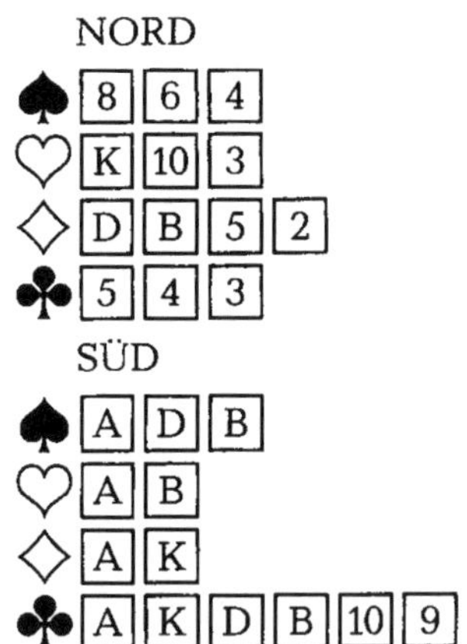

Wir geben vom Tisch die Coeur 3 und Ost spielt die Coeur 9. ACHTUNG! HALT, WENN DAS SIGNAL ERTÖNT ODER EIN ZUG SICH NÄHERT! Der Zug ist schon sehr, sehr nahe, und wenn wir aus der Hand den Coeur Buben spielen, ist der Nahschnellverkehrszug aus Groß-Schlemmheim/Sieg quer über die Mitte des Tisches gerollt und verschwindet, ebenso schnell wie er erschien, in Richtung Unterstichtal b. Daun. Eben hatten wir noch einen wunderschönen Übergang zum Coeur König, jetzt ist er futsch, so schnell geht das zuweilen. Ach, hätten wir doch nur im ersten Stich das Coeur As eingesetzt und anschließend Karo As und König abgespielt, dann hätten wir den Tisch das eine, wichtige Mal mit dem Coeur König erreichen können, um die restlichen beiden Karostiche zu kassieren und insgesamt zwei Coeur-, vier Karo-, sechs Treffstiche und das Pik As = 13 Stiche zu machen. So aber sind wir in der Hand festgenagelt und müssen dem Gegner irgendwann den Pik König überlassen. Wenn wir uns dann nach wortreichen Entschuldigungen den Partner zu fragen getrauen, was er vorhin gemurmelt habe, wird er nach ein paar kräftigen Flüchen antworten: „Ich sagte nur: Hüte Dich vor Überschwang, denn futsch ist schnell ein Übergang, was sonst?"

Wir waren uns schon einig, daß wir bei der Planung des Alleinspiels die Frage der benötigten und der vorhandenen Übergänge sorgfältig prüfen müssen. Bei so mancher Hand kommt ein drittes Moment hinzu, nämlich der *Zeitpunkt*, zu dem wir einen Übergang benötigen. Da lauern oft Fallen, in die selbst erfahrene Spieler blindlings hineintappen. Bei der Europameisterschaft 1979 in Lausanne erlebten über sechzig Kiebitze mit, wie bei einem Kampf zweier Bridgegiganten ein regierender Weltmeister in diese Falle geriet. Im Überschwang, versteht sich. Die gleiche Situation wie in Lausanne ergab sich kürzlich bei einem Gruppenteamkampf:

Süd ist nach der kurzen Reizung

S	W	N	O
1 SA	-	-	-

Alleinspielerin geworden und bekommt von West den Angriff Coeur K.

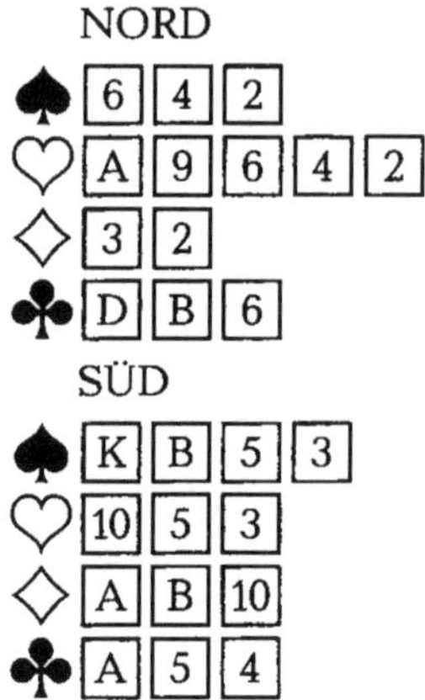

Süd ist für den Angriff dankbar und setzt sofort das Coeur As vom Tisch ein, um klein Coeur weiterzuspielen, denn in der Coeurfarbe könnte die Zukunft des Tisches liegen. Ost bedient nicht mehr, und die Alleinspielerin gibt die Coeur 10, die von West mit dem Buben genommen wird, was ein Fehler ist. West sollte einmal verweigern, dann unterbricht er die Verbindung. Aber bitte, solange *wir* nicht West sind, sollen die Westspieler ruhig Fehler machen, denn Fehler sind dazu da, daß sie vom Gegner gemacht und von uns genutzt werden, so einfach ist das. West also, mit dem Coeur Buben bei Stich, spielt die Treff 10 zurück. Jetzt ist der Augenblick gekommen, wo wir uns vor Überschwang hüten müssen: Treff D B 6 am Tisch bildet unseren einzigen Übergang zu den Coeurs des Tisches. Dieser Übergang nützt uns aber erst dann etwas, wenn die kleinen Coeurs des Tisches hoch sind. Noch lebt ja die Coeur Dame bei West. Wenn wir jetzt die Treff 10 mit dem Buben oder der Dame des Tisches decken – so wie es jener Weltmeister und auch die Alleinspielerin gemacht haben – kann dreierlei passieren, bzw. schon passiert sein:

1. der Treff König sitzt bei West, der Treff Bube hält deshalb den Stich, wir sind zwar am Tisch, aber leider viel zu früh. Ein zweites Entree zum Tisch gibt es nicht mehr, es sei denn, wir übernehmen

den Treff Buben mit dem As in der Hand. Das aber ist zu gefährlich, denn

2. der Treff König sitzt bei Ost. Ost ist eine gute Spielerin und hat den Treff Buben *nicht* gedeckt, weil sie damit das erst später benötigte Entree zur Dame des Tisches zerstört hat,

3. der Treff König sitzt bei Ost. Ost ist eine ebenso überschwängliche Spielerin wie wir und deckt den Treff Buben mit dem König. Dann ist der seltene (?) Fall eingetreten, daß sich an diesem Tisch drei Oberpatzer (West, Ost und Süd) ein Stelldichein geben, wie geschehen.

Im Ernst, wie plant und spielt man richtig, wenn der *übergangsarme* Tisch

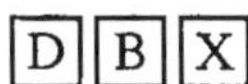

und die Hand dazu

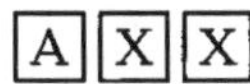

haben, der Gegner diese Farbe spielt und wir mit dem Übergang im Augenblick noch gar nichts anfangen können? Wir spielen unbedingt *klein* vom Tisch und das *As* von der Hand, ganz gleich, welche Karte Ost spielt. Wir schauen nicht einmal hin, welche Karte Ost zugegeben hat, um es einmal überspitzt auszudrücken. Nur auf diese Weise schaffen wir uns ein sicheres Entree zum Tisch *für den von uns bestimmten Augenblick.* Mit Treff As in der Hand, spielen wir jetzt die dritte Coeurrunde, treiben damit endlich die Coeur Dame von Oberpatzer West heraus – wenn er jetzt verweigert, nützt es ihm nichts mehr, denn dann übernehmen wir am Tisch mit der 9 und spielen die vierte Coeurrunde vom Tisch. So. Und jetzt lacht uns

D B (am Tisch)

gegenüber

X X (in der Hand)

als sicherer Übergang an, ganz gleich, in welcher Gegnerhand der König sitzt, stimmt's?

Immer vorausgesetzt, wir benötigen den einzigen Übergang erst zu einem späteren Zeitpunkt, müssen wir sogar in dieser Situation:

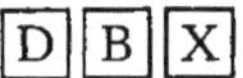

A 10 8,

wenn der Gegner diese Farbe spielt, unser As spielen, selbst wenn wir den Stich schon mit der 10 gewinnen könnten, denn

D B

gegenüber

A 8

ist *kein* Übergang mehr zum Tisch, ganz gleichgültig, wo der besetzte König steht, stimmt auch, nicht wahr?

Der Zweck dieses Kapitels ist schon weitgehend erfüllt, wenn der Leser bei seiner Spielplanung und -durchführung übergangsbewußter zu denken lernt und sich immer wieder sagt:

HÜTE DICH VOR ÜBERSCHWANG,
DENN FUTSCH IST SCHNELL EIN ÜBERGANG!

KAPITEL 3

Dame leer – leer das As, da bringt nur der Expass was.

(Dieser Vers ist zu singen auf die Melodie: Hänschen klein...)

Wenn jemand nachts mit dem Auto unterwegs ist, sagen wir zwischen Kempten/Allgäu und München, wo es keine Autobahn und deshalb keine geöffneten Tankstellen gibt, und dieser Jemand dauernd besorgt auf die Benzinuhr blickt, weil er feststellen mußte, daß ihm der Sprit vor der nächsten größeren Ortschaft ausgehen wird, dann wird er eines mit Sicherheit nicht tun: er wird nicht anhalten, von der Straße zum Bach hinunterlaufen, dort Wasser schöpfen und in den Tank schütten, weil er weiß, daß das einfach nicht funktionieren kann und daß er mit dieser unsinnigen Maßnahme nur den Motor ruinieren würde. Vielmehr wird er am nächsten Parkplatz anhalten, hinten im Kofferraum nachsehen, ob da nicht vielleicht der Reservekanister mit ein paar Tropfen Benzin rumliegt, und, wenn ja, dieses Benzin in den Tank zu gießen versuchen. Das ist für ihn die einzige realistische Möglichkeit.

Wenn jemand

A 5 4 (Tisch)

gegenüber

D 7 6 (Hand)

hat und in dieser Farbe zwei Stiche erzielen möchte, dann darf er nicht die Dame aus der Hand vorlegen, in der Absicht, hier einen „Schnitt" gegen Wests König zu machen, denn dann täte er genau das gleiche wie der nächtliche Autofahrer mit dem Wasser: er sollte wissen, daß das nicht funktionieren *kann* und daß er mit dieser Maßnahme unter Umständen die ganze Hand ruiniert. Es ist ein untauglicher Versuch mit untauglichen Mitteln am möglicherweise tauglichen Objekt: falls West den König hat, wird er ihn auf die Dame legen, und wenn dann Süd vom Tisch das As geben muß, ist und bleibt das der einzige Stich für ihn in dieser Farbe. Steht der König bei Ost, bleibt Süd klein am Tisch und Ost gewinnt den König. Wieder macht nur das As einen Stich. In beiden Fällen ist es ganz gleichgültig, wo König, B, 10, 9 und 8 stehen, Süd kann bei dieser Wasser-statt-Benzin-Spielweise nur einen Stich erzielen.

Wir erinnern uns an das Kapitel 0 „Definitionen": ein Schnitt oder Impass kann nur dann funktionieren, wenn

a) entweder hinter dem Schnittobjekt – der herauszuschneidenden Figur – zwei Karten stehen, von denen die eine um eins höher, die andere um eins niedriger ist als das Schnittobjekt. In diesem Fall spricht man von einer Gabel:

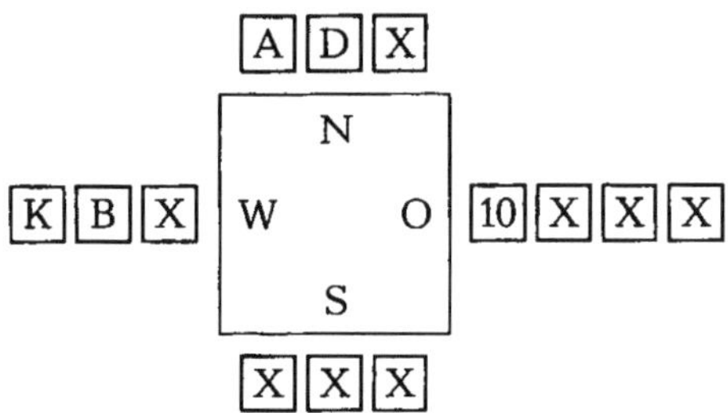

Süd will in dieser Farbe zwei Stiche machen und impassiert gegen Wests K zur „großen" Gabel des Tisches.

oder:

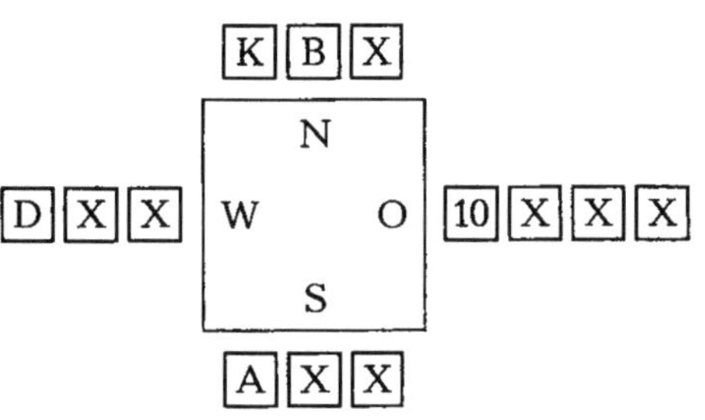

Süd will drei Stiche machen und impassiert gegen Wests Dame zur kleinen Gabel K B des Tisches.

usw. usw.

b) oder zwei aneinanderliegende Karten, die kleiner sind als das Schnittobjekt, in der einen Hand sitzen und in der anderen Hand, hinter dem Schnittobjekt, eine Karte sitzt, die um eins höher ist als jenes, z. B.:

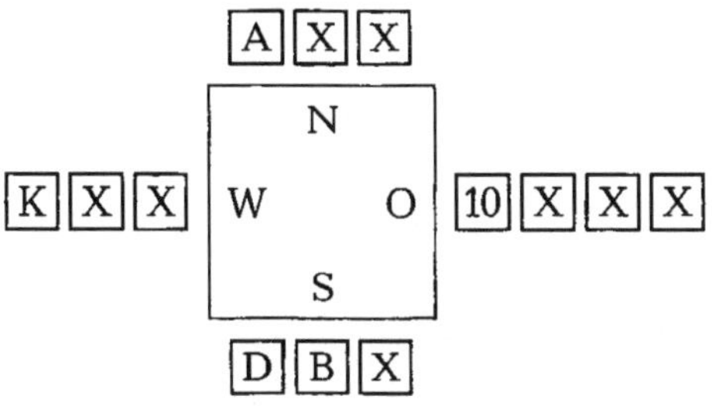

Süd will schnell zwei Stiche machen. Er legt aus der Hand die Dame vor und impassiert gegen Wests König.

oder

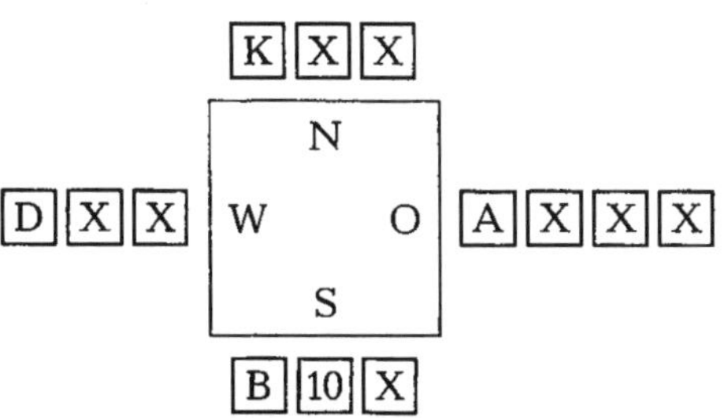

Süd will schnell einen Stich machen. Er legt aus der Hand den B vor und impassiert gegen Wests Dame.

Bei der Ausgangssituation

A 5 4

gegenüber

D 7 6

ist keine der beiden Alternativen vorhanden, weshalb der „Schnitt" („Impass") gegen Wests König gar nicht funktionieren kann. Es ist in Wahrheit gar kein Schnitt, daher die Anführungsstriche.

Aber vielleicht haben wir mit dieser Kartenkombination einen Reservekanister mit etwas Benzin drin bei – Ost. Wenn Ost den König hat, können wir zwei Stiche erzielen, indem wir erst vom Tisch das As kassieren und dann klein in Richtung Dame spielen. Das ist dann der klassische Expass, bei dem man in Richtung einer Figur spielt, die um eins *kleiner* ist als das Expassobjekt:

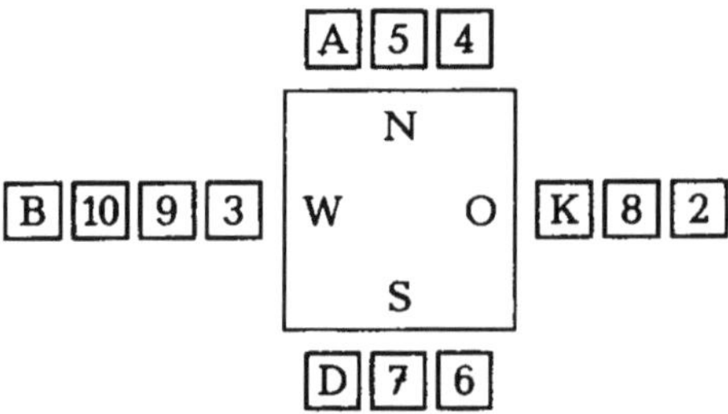

Wenn wir hier den Expass spielen (erst das As, dann klein zur Dame), machen wir zwei Stiche. Schütten wir aber Wasser in den Tank (Dame vorlegen), macht der Motor mit dem As noch einen hilflosen Stotterer und steht dann endgültig still.

Auch mit dieser Haltung A X X

gegenüber

D X

spielen wir, falls wir die Farbe selbst anpacken müssen, den Expass. Allerdings können wir hier nicht als erstes das As abspielen, weil dann die Dame blank stünde und unter den König fiele, auch wenn der bei Ost steht. Deshalb müssen wir in einer anderen Farbe an den Tisch gehen und klein in Richtung Dame spielen. Wenn jetzt Ost den König einsetzt, geben wir klein und machen später erst die Dame und dann das As.

Wenn der König bei West steht:

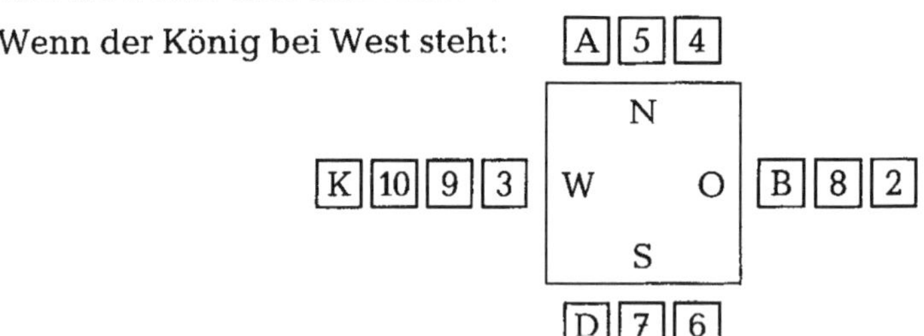

dann hilft allerdings unser schöner Expassversuch auch nicht viel. Dann haben wir halt leider Pech gehabt oder – wie viele Bridgespieler zu sagen pflegen – mit Zitronen gehandelt. Dann können wir aber bei jeder Spielweise nur einen Stich in dieser Farbe machen, falls wir selbst den ersten Schritt unternehmen müssen, oder, um in dem gewählten Bild zu bleiben, dann war eben leider kein Tropfen Benzin in dem Reservekanister. Aber probieren und nachsehen müssen wir, bevor wir uns zu Fuß auf den Weg machen oder die Nacht im kalten Auto verbringen. Und wenn wir tatsächlich Benzin (den König) bei Ost gefunden haben und unser Motor wieder zu schnurren beginnt (Dame macht den 2. Stich), dann werden wir auf dem Heimweg das Autoradio anstellen, wo gerade das Kinderlied gesungen wird:

DAME LEER – LEER DAS AS,
DA BRINGT **NUR** DER EXPASS WAS.

KAPITEL 4

Dame leer (Dxxx) und König leer (Kxxx) ist die Behandlung gar so schwer?

Nein!
Wenn man das As durch Expass fand,
dann hofft man, daß es double stand.
Nun spielt man klein aus beiden Händen
und alle Schwierigkeiten enden.

Wir sind Alleinspieler in Pik und sehen uns dieser Trumpfhaltung gegenüber:

NORD (Tisch)
♠ D 8 4 2

SÜD (wir)
♠ K 6 5 3

Eine Situation, die wir alle schon oft erlebt und – leider – auch oft unglücklich angepackt haben. Irgendwann im Laufe des Spiels müssen wir in den sauren Apfel beißen und die Trümpfe ziehen. Dabei wollen (oder dürfen) wir nur einen Stich – an das As – verlieren. Wie der etwas lang geratene Merkvers besagt, zerfällt die richtige Spieltechnik in zwei Teile.

1. Wir überlegen uns, wo das Pik As voraussichtlich steht, bei Ost (rechts) oder bei West (links). Manchmal ist das sehr einfach. Nehmen wir nur einmal an, West habe die Reizung mit 1 SA (12 - 14 Punkte) eröffnet und wir haben daraufhin 4 Pik erreicht. In der kombinierten Nord-Südhand zählen wir 25 Punkte. In diesem Fall *wissen* wir ganz genau, daß das Pik As bei West steht, denn Ost kann höchstens drei Punkte besitzen (25 + 12 + 3 = 40). Wir werden deshalb klein aus der Hand in Richtung Dame des Tisches spielen. Wenn West klein zugibt, legen wir vertrauensvoll die Dame, die bei Stich bleibt. Dieses war der erste Streich.

2. Doch jetzt aufgepaßt! In diesem Stadium wird täglich an Dutzenden von Tischen pro Landkreis der entscheidende Fehler begangen. Wenn wir jetzt, nach dem gelungenen Expass, d. h., nachdem wir das Pik As bei West *gefunden* haben, klein Pik vom Tisch spielen und aus der Hand den König geben, so *kann* das nicht gut sein, denn dann verlieren wir mit 100%iger Sicherheit zwei Pikstiche: den einen an das As bei West und den zweiten an B oder 10, ganz egal wo diese beiden Karten stehen. Die einzige Hoffnung und Möglichkeit, nur einen Stich abgeben zu müssen, besteht darin, daß das As bei West ursprünglich zu zweit stand und deshalb in der zweiten Pikrunde fällt. Dazu brauchen wir den König aber nicht einzusetzen. Den brauchen wir vielmehr dazu, in der dritten Pikrunde den Pik Buben oder die Pik 10 bei Ost zu fangen. Die Pik-Gesamtsituation könnte beispielsweise so ausgesehen haben:

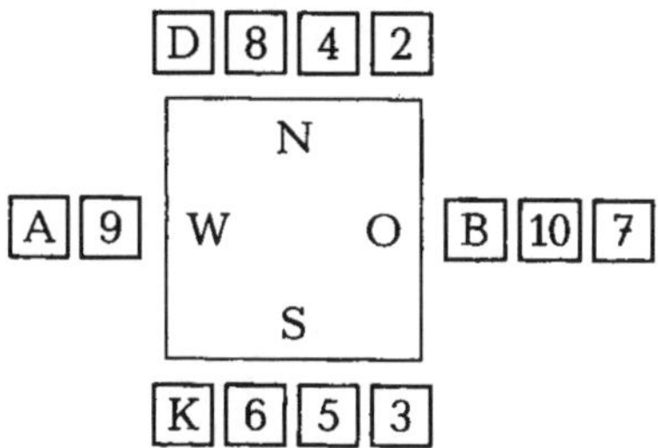

Hätten wir nach dem gelungenen Expass zur Dame des Tisches in der zweiten Pikrunde den König aus der Hand gespielt, wäre er unter das jetzt blanke As gefallen und der Bube von Ost hätte der Gegenseite einen unverdienten zweiten Pikstich eingebracht.

Freilich, wenn das As bei West ursprünglich zu dritt stand, müssen wir bei dieser – wie bei *jeder* anderen – Spielweise zwei Pikstiche verlieren. Doch in allen Fällen, in denen es ursprünglich double stand, und die sind gar nicht so selten, dreht man dem Westspieler (bitte nur in Gedanken) eine lange Nase, nachdem man zur zweiten Pikrunde KLEIN AUS BEIDEN HÄNDEN gespielt hat.

Der zweite Schritt, also das KLEIN AUS BEIDEN HÄNDEN, ist im Grunde genommen der viel einfachere, der deshalb an den erwähnten Dutzenden von Tischen landkreisauf, landkreisab von nun an *automatisch* erfolgen sollte, nachdem man das As „gefunden" hat. Wesentlich schwieriger ist meistens Schritt Nr. 1, das besagte Finden des Asses. Im Einführungsbeispiel, als West die Feindseligkeiten mit 1 SA eröffnet hatte, war es zwar leicht, aber so leicht ist es halt leider nicht oft.

Eine weitere Situation ist denkbar, in der wir mit etwas Kombinationsgabe das As finden sollten. Stellen wir uns nur einmal vor, West habe sich während der gesamten Reizung in Schweigen gehüllt und greift nun gegen unseren 4-Pik-Kontrakt mit Coeur As, gefolgt von Coeur König, an. Bei einem der nächsten Stiche stellt sich heraus, daß West auch noch den Treff König besaß. Unsere Überlegung sollte nun sein: Aha! West kann das Pik As nicht mehr haben, denn sonst wäre sein ständiges Passen in der Reizung kaum zu verstehen, weil er mit Coeur A K, Treff K und Pik A eine gute Eröffnung gehabt hätte. Also ziehen wir den ziemlich sicheren Schluß: diesmal steht das Pik As bei Ost, weshalb wir vom Tisch, von Dxxx, zur Hand (Kxxx) spielen, in der Hand den König einsetzen, das As bei Ost gefunden haben und anschließend klein aus beiden Händen spielen. Auch das war noch relativ leicht.

Fataler ist es, wenn man überhaupt keine Anhaltspunkte aus Reizung oder Gegenspiel bekommt. Hier empfiehlt es sich, eine recht primitiv anmutende Faustregel anzuwenden. Bevor man den entscheidenden Schritt – den Expassversuch durch das gegnerische As links oder rechts – unternimmt, spielt man möglichst lange in den anderen Farben herum, um so viel Informationen wie möglich über die Verteilung der Punkte und Farben in den beiden Gegnerhänden zu erhalten. Hat dann einer der beiden Gegner im Laufe dieser Voruntersuchung die Hälfte oder schon mehr als die Hälfte aller ausstehenden Punkte vorzeigen müssen, dann nimmt man einfach an, das gesuchte As sei in der Hand des anderen Gegners.

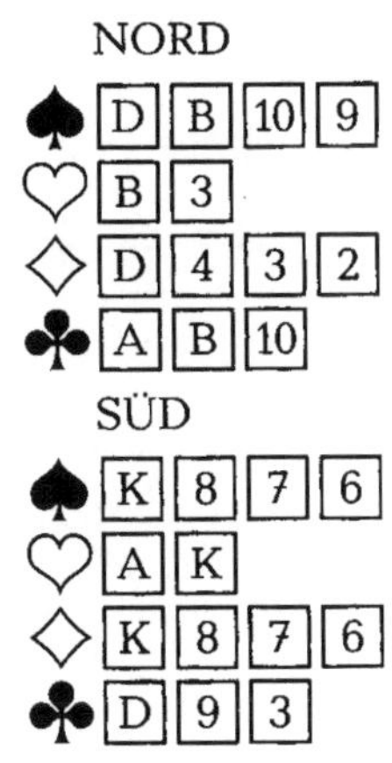

Wir sind Alleinspieler in 4 Pik. West hat mit Coeur 4 angegriffen. Beim Spielplan sehen wir schon: falls der Treff König schlecht, also bei Ost sitzt, dürfen wir nur einen Karostich verlieren. Wir geben vom Tisch den Coeur B, der zwar bei Stich bleibt, was Ost betrifft, aber leider müssen wir ihn in der Hand übernehmen. Coeur Dame sitzt mit ziemlicher Sicherheit bei West, das notieren wir in Gedanken. Als nächstes stellen wir fest, daß Pik As bei Ost saß, indem wir Trumpf spielen. Anschließend machen wir den Treff-Schnitt gegen West, der leider daneben geht: Ost nimmt mit dem Treff König. Jetzt haben wir alle ausstehenden Figuren bis auf zwei lokalisiert: Pik As und Treff König (= 7 Punkte) standen bei Ost. Coeur Dame (= 2 Punkte) bei West. Insgesamt standen 14 Punkte aus (Pik As, Coeur Dame, Karo As und Bube sowie Treff K.) Von den 14 Punkten hat Ost 7 gezeigt, West dagegen nur 2. Jetzt wenden wir die erwähnte Faustregel an und vermuten Karo As bei West. Folgerichtig spielen wir aus der Hand klein Karo und legen vom Tisch die Dame (Atem anhalten und ein kurzes Stoßgebet nicht vergessen!). Hat die Dame den Stich gewonnen, dann wissen wir jetzt alle, was anschließend zu tun ist:

WENN MAN DAS AS DURCH EXPASS FAND,
DANN HOFFT MAN, DASS ES DOUBLE STAND.
JETZT SPIELT MAN KLEIN AUS BEIDEN HÄNDEN
UND ALLE SCHWIERIGKEITEN ENDEN.

KAPITEL 5

Um die Aussichten zu steigern, mußt Du im Sans manchmal „verweigern".

(Warum? Um zwischen Gegners Händen jede Verbindung zu beenden.)

Die Sieben, eine Wunderzahl, verrät Dir auch, wieviele mal.

(Alleinspiel Sans-Atout)

Mit „Verweigern" ist hier das englische „Hold up" (= zurückhalten, nicht nehmen) gemeint, das im deutschen Sprachgebrauch fälschlicherweise oft „ducken", im österreichischen Bridgedeutsch dagegen „pullen" genannt wird. Es bedeutet: man nimmt einen Stich nicht, obwohl man ihn gewinnen könnte. Man tut dies aber keineswegs automatisch, „weil es halt jeder macht", sondern nur aus einem einzigen Grund: man will die Verbindung zwischen den beiden gegnerischen Händen zerstören oder, genauer gesagt, man will mit dem Verweigern verhindern, daß der „gefährliche" Gegner, wenn er im weiteren Spielverlauf zu Stich kommt, die mörderische Angriffsfarbe seines Partners durch die ungeschützte Hand zum Angreifer hin spielen kann.

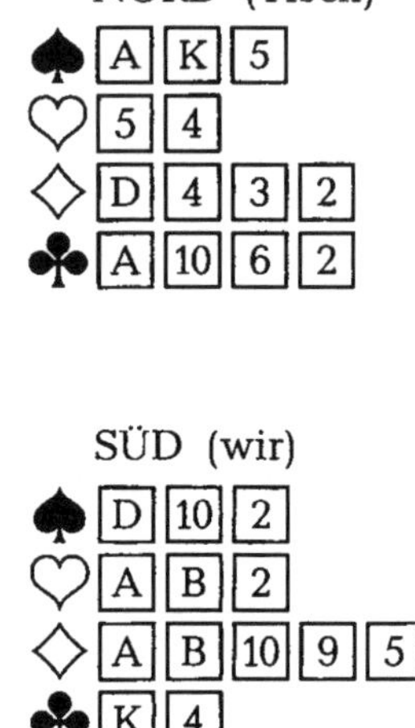

Süd ist Alleinspieler in 3 SA und erhält von West den Angriff Coeur 6. Ost gibt den König. Wenn wir hier verweigern (zurückhalten, „ducken", pullen), dokumentieren wir damit allen Umstehenden und -sitzenden, daß wir wieder einmal Bridge spielen, ohne zu denken, oder daß wir hier etwas automatisch gemacht haben, ohne einen Spielplan angefertigt zu haben, um es etwas höflicher auszudrücken. Der Spielplan sollte doch so aussehen: wir haben an sicheren Stichen: drei in Pik, einen in Coeur, einen in Karo und zwei in Treff, macht zusammen sieben. Der Rest kann nur aus der Karo-Farbe kommen. In Karo werden wir also gegen die Osthand schneiden. Falls der Karo König bei Ost sitzt, sind das weitere vier Stiche, sitzt er dagegen bei West, sind es immerhin noch drei, womit wir vollauf zufrieden sein können. Drohen irgendwelche Gefahren? Nein, nicht wenn wir Osts Coeur König *sofort* mit dem As nehmen, mit Pik As zum Tisch gehen und die Karo Dame vorlegen. Hat Ost den König, ist alles bestens, denn dann wird er – wenn es sein muß, in einer langwierigen und für Ost äußerst schmerzhaften Operation – herausgeschnitten. Auf diese Weise machen wir elf sichere Stiche (mit der Chance auf einen zwölften Stich mittels eines Guard Squeezes gegen West im neunten Stich, falls West dann noch Coeur D 10 und Treff D B x hält, das nur nebenbei). Der „gefährliche Gegner" Ost *kann bei dieser Spielweise und Kartenlage gar nicht zu Stich kommen,* um die Angriffsfarbe Coeur durch unseren ungeschützten B x zu Wests D 10 xx zu spielen. Hat dagegen West den Karo König, kann uns das auch nicht schrecken: er nimmt die vorgelegte Dame des Tisches mit dem König, und sein Coeurspiel kommt von D 10 x x um den ganzen Tisch herum zu unserem geschützten B 2, was uns nur ein mitleidiges Lächeln entlokken kann. West ist in diesem Fall der ungefährliche Gegner, der ruhig zu Stich kommen darf.

Hätten wir dagegen beim ersten Stich einmal verweigert, o weh! Ost hätte sofort Coeur weitergespielt, das wir dann wohl mit dem Buben gedeckt hätten. West hätte mit der Dame übernommen, unser Coeur As herausgetrieben und später, mit Karo König bei Stich, zwei weitere Coeur-Stiche gewonnen. Eine scheußliche Vorstellung!

In diesem ersten Beispiel durften wir also auf keinen Fall verweigern, weil der alleinige Zweck des Verweigerns darin besteht, die Verbindung zwischen Ost und West zu unterbrechen. Diese Verbindung besteht aber schon in dem Moment nicht mehr, da Ost den Coeur König spielt und wir ihn mit dem As nehmen, weil wir bei der Anfertigung unseres Spielplanes klar und deutlich sehen können, daß Ost nie wieder zu Stich kommen *kann*, bevor wir unseren Kontrakt mit Überstich unter Dach und Fach haben.

Sieht dagegen die Hand so aus:

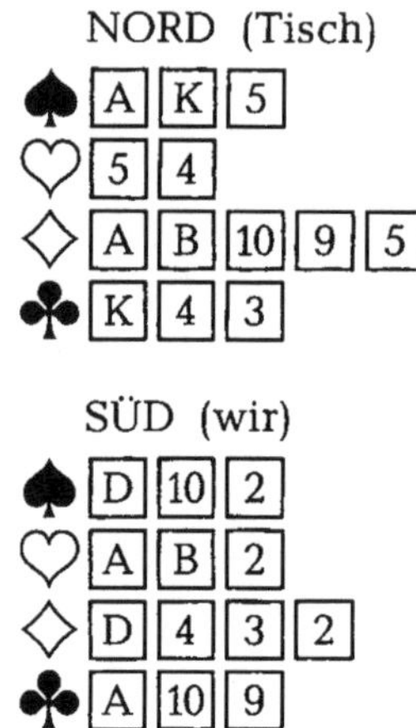

und West spielt gegen unsere 3 SA wieder die Coeur 6 aus, die Ost abermals mit dem König nimmt, dann ist alles ganz, ganz anders. Unser Spielplan sieht zunächst sehr ähnlich aus wie bei der vorigen Hand, mit einem fundamentalen Unterschied, wie wir gleich sehen werden. Wir zählen: drei Pikstiche, einen Coeur-, einen Karo- und zwei Treffstiche. Macht wieder sieben. Der Rest kann nur aus der Karo-Farbe kommen. Drohen Gefahren? Aber ja! Wenn der Karo König bei Ost steht, kommt er, der „gefährliche" Gegner zu Stich und kann Coeur spielen – falls er noch eines hat. Nähmen wir hier sofort den ersten Stich mit dem Coeur As, dann hätte Ost mit ziemlicher Sicherheit noch eine oder zwei Coeurkarten, um sie durch unseren ungeschützten B x zu Wests D 10 x x hindurchzuspielen, wenn er mit Karo König zu Stich kommt. Deshalb müssen wir bei *dieser* Kartenlage den Coeurstich verweigern und dürfen auch Osts Coeur-Rückspiel zum zweiten Stich noch nicht mit dem As nehmen (zweimaliges Verweigern, s. u.). West nimmt mit der Dame und spielt zum dritten Mal Coeur. Jetzt müssen wir, ob wir wollen oder nicht. Aber es reicht, das wissen wir. Durch unser zweimaliges Verweigern ist der Kontrakt unverlierbar geworden.

Wir machen zum vierten Stich den geplanten Karo-Schnitt gegen West, indem wir die Dame aus der Hand vorlegen und laufen lassen. „Sitzt" der König, ist es gut. Sitzt er nicht, ist es auch gut. Ost kommt zwar zu Stich, hat nun aber kein Coeur mehr. Mit zehn Stichen erreichen wir den Hof – ohne Mühe und Not, doch ohne Verweigern wär'n wir schon tot.

Wir sehen an diesen beiden elementaren Beispielen, daß wir niemals etwas automatisch tun dürfen, sondern uns immer überlegen müssen, *warum* wir es tun müssen oder nicht tun dürfen. Um es noch einmal klar und deutlich zum Ausdruck zu bringen: wenn nach Lage der Karten von Tisch und Hand der „gefährliche" Gegner, das ist in aller Regel der Partner des Ausspielenden, gar *nicht* zu Stich kommen *kann*, ist Verweigern überflüssig und, wie wir im ersten Beispiel gesehen haben, unter Umständen sogar äußerst gefährlich. Liegen aber die Karten auf dem Tisch und in der Hand so, daß der „gefährliche" Gegner zu Stich kommen *kann*, bevor unser Kontrakt unter Dach und Fach ist, müssen wir verweigern, und zwar so lange und oft, wie die Verbindung noch nicht unterbrochen ist.

Und das bringt uns zur dritten Strophe unseres kleinen Merkgedichts. Man kann selbst bei hohen Rubber-Bridge-Partien oder bei Teamkämpfen als Kiebitz oft erleben, daß der Alleinspieler mit folgender Haltung:

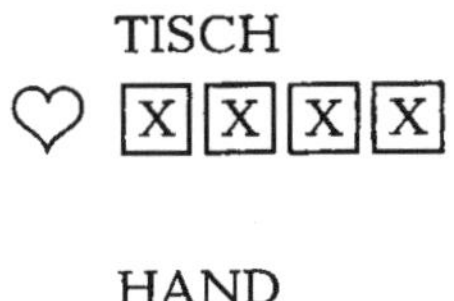

den Coeur-Angriff von West einmal verweigert. Das ist aber unnötig, wenn wir uns noch einmal den Grund für das Nichtnehmen vergegenwärtigen: wir wollen durch unsere Zurückhaltung die Verbindung zwischen den Gegnerhänden unterbrechen, sonst nichts.

Wenn wir aber

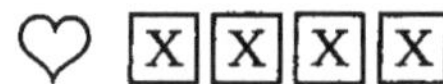

gegenüber

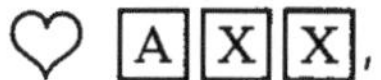

also *sieben* Stück Coeur haben und West von seiner *Fünferlänge* ausgespielt hat, dann bleibt für Ost nur *eine* Coeurkarte übrig. Wir können deshalb getrost das As zum ersten Stich einsetzen. Wenn Ost zu Stich kommen sollte, hat er – falls West eine Fünferlänge hatte – kein Coeur mehr, und wenn er doch noch ein Coeur hat, dann hatte West ursprünglich nur vier und kann mit drei Coeurstichen und Osts König unseren 3-SA-Kontrakt auch nicht gefährden. Im Paarturnier könnte es gelegentlich richtig sein, einmal zu verweigern, um auch diese Möglichkeit auszuschließen. Bevor man es tut, muß man aber unbedingt prüfen, ob man mit dem grundsätzlich überflüssigen Verweigern nicht einen Stich verschenkt, der dem Gegner gar nicht zusteht, oder – schlimmer – ob nicht die Gefahr droht, daß der Gegner nach unserem Verweigern auf eine andere Farbe umsteigt, die wir wirklich verweigern müssen oder die womöglich unseren durch das Coeur-Ausspiel unverlierbar gewordenen Kontrakt noch zu Fall bringen kann:

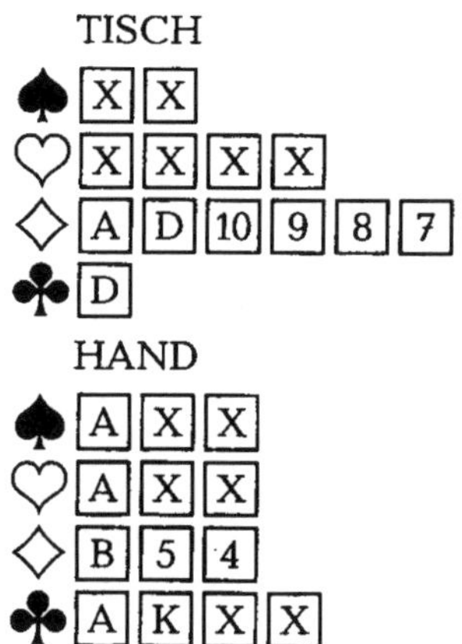

West spielt gegen unsere 3 SA die Coeur D aus, die Ost mit dem König übernimmt. Wir nehmen sofort mit dem As und machen den Karo-Impass. Sitzt der König bei West, machen wir elf, sitzt er bei Ost, machen wir zehn oder neun Stiche, das ist sicher. Falls wir hier aus Paarturniererwägungen den ersten Coeurstich verweigern, bringen wir den Kontrakt in allerhöchste Gefahr: Ost spielt Pik zurück, und da haben wir auch schon den Salat. Wenn jetzt der Karo König bei Ost sitzt, gehen wir ein- bis zweimal down, je nach dem, ob die Piks 4 - 4 oder 3 (West) - 5 (Ost) sitzen. Bei so einer Hand, wo der Umstieg auf eine andere, gefährdete Farbe droht, nehmen wir deshalb auch im Paarturnier sofort mit dem As, denn mit

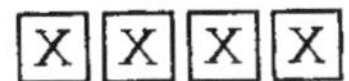

gegenüber

A X X

müssen wir *nicht* verweigern, um die Verbindung in dieser Farbe zu unterbrechen.

Desgleichen erlebt man oft als Partner, Gegner oder Kiebitz, daß der Alleinspieler mit

X X X　　　　X X

gegenüber　　　　oder

A X X　　　　A X X X

zweimal verweigert, statt zu überlegen: wenn West von der Fünferlänge ausgespielt hat, bleiben mit unseren sechs Karten nur noch zwei für Ost übrig. Wenn wir einmal verweigern und die zweite Runde mit dem As nehmen, ist die Verbindung wirksam unterbrochen. Haben wir dagegen, wie im Ausgangsbeispiel, nur fünf Karten in der angegriffenen Farbe, z. B.

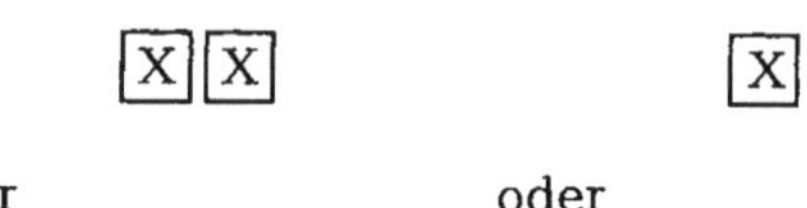

gegenüber oder

[A][X][X] [A][X][X][X]

dann müssen wir unbedingt *zweimal* verweigern, um die Verbindung zwischen Wests 5er-Länge und Osts drei Karten in dieser Farbe zu zerstören.

Und haben wir 0

gegenüber

[A][X][X][X]

also nur noch vier Karten in der angegriffenen Farbe, dann müssen wir *dreimal* verweigern, um die 5er-Länge des Ausspielers von der 4er-Länge seines Partners zu trennen.

Aus alledem ergibt sich die Formel:

$$K_{T+H} + V = 7,$$

wobei K_{T+H} die Summe der Karten von Tisch und Hand, und V die Anzahl des notwendigen Verweigerns ist:

7 Karten + 0mal verweigern =
6 Karten + 1mal verweigern =
5 Karten + 2mal verweigern =
4 Karten + 3mal verweigern =
7

Bisher hatten wir immer das As, wenn wir verweigert oder nicht verweigert haben. Oft haben wir aber in der Angriffsfarbe gegen unsere 3 SA auch andere Karten, wie z.B.

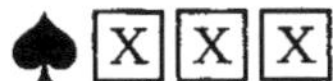

gegenüber

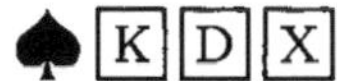

West spielt Pik B gegen 3 SA von Süd aus, Ost gibt die 7. Süd muß zunächst prüfen, ob Ost im weiteren Verlauf des Spiels zu Stich kommen kann. Wenn ja, *muß* Süd verweigern, denn wenn er den ausgespielten Pik Buben mit der Dame nimmt, bleiben ihm noch K x in der Hand übrig. Osts Pikdurchspiel zu A 10 9 x bei West wäre tödlich. Läßt der Alleinspieler dagegen den Pik B bei Stich, kann ihm nichts passieren. Die von West nachgespielte 10 nimmt er zwangsläufig. Wenn Ost später drankommt, hat er kein drittes Pik mehr.

Auch in der folgenden Situation *muß* man verweigern (immer nur, falls der gefährliche Gegner Ost drankommen kann):

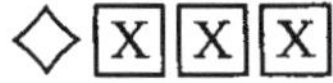

gegenüber

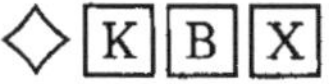

West spielt die Karo 6 aus und Ost gibt die Dame. NICHT NEHMEN!, so verführerisch es auch sein mag. Wenn wir die Dame mit dem König nehmen, bleiben wir mit B x vor Wests A 10 x x sitzen, und wenn Ost zu Stich kommt, ist es aus mit uns. Lassen wir aber Ost mit der Dame bei Stich, spielt der sein letztes Karo. West kann nur das As „machen", dann stoppen wir ihn.

Im Gegensatz dazu noch einige Kartenkombinationen, mit denen wir nicht verweigern, weil wir damit einen Stich verschenken:

B x x — 1. West spielt klein aus, Ost gibt die Dame.
2. West spielt den König aus.

A x x — In beiden Fällen verweigern wir nicht, weil wir einen Stich verschenken. Außerdem fürchten wir Osts Rückspiel zu B x des Tisches nicht.

x x x — 1. West spielt klein aus, Ost gibt die Dame.
2. West spielt den König aus.

A B 10 — In beiden Fällen verweigern wir nicht, weil wir damit einen Stich verschenken.

aber

x x x — 1. West spielt klein aus, Ost gibt D oder K
2. West spielt den König aus.

A B x — Wir verweigern in beiden Fällen *einmal*. Den ersten Fall hatten wir schon bei dem zweiten Elementarbeispiel kennengelernt, wo wir verweigern mußten. Im zweiten Fall (West spielt K aus), hat West offensichtlich K D 10 x (x). Wir verweigern und spielen damit den sogenannten Bath-Coup. West kann die Farbe nicht weiterspielen, ohne uns zwei Stiche zu geben. Er wird deshalb eine andere Farbe spielen und seinen Zeitvorsprung verlieren.

9 8 4 2 — 1. West spielt klein aus, Ost gibt eine Figur.
2. West spielt eine Figur aus.

A 10 — Wir verweigern nicht, da der Tisch, im Verein mit der 10 der Hand, die Farbe noch einmal stoppt.

In manchen Händen müssen wir auch mit

	X X X		K X X		X X X	
gegenüber		oder		oder		falls Ost den König einsetzt,
	A K X		A X X		A D X,	

also mit zwei echten Stoppern in der Angriffsfarbe, einmal verweigern, und zwar dann, wenn wir zweimal an den Gegner aussteigen müssen, bevor wir unsere neun Stiche entwickelt haben:

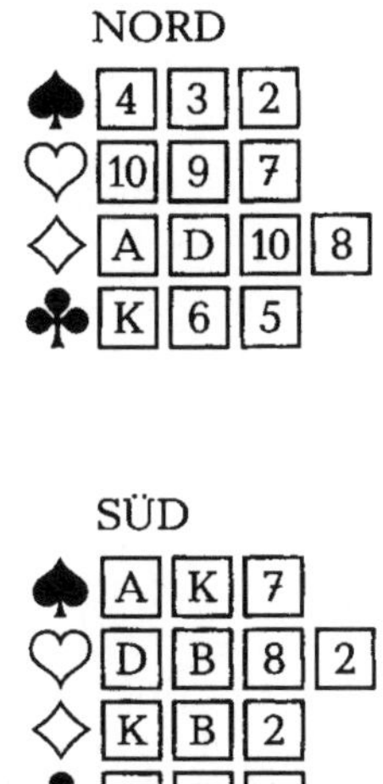

West greift gegen unsere 3 SA von Süd mit Pik 6 an. Ost gibt die Dame. Wir zählen: zwei Pik-, null Coeur-, vier Karo- und zwei Treffstiche = acht. Der neunte (und zehnte) Stich kann nur aus der Coeurfarbe kommen. Dazu müssen wir aber erst einmal Coeur As und König beim Gegner aus dem Weg schaffen. Wir hoffen, daß eine der beiden Coeur-Figuren bei Ost sitzt, und lassen seine Pik Dame bei Stich. Ost spielt Pik zurück, das wir nehmen müssen (und wollen). Wir setzen mit klein Coeur fort. Wenn West klein gibt, haben wir schon gewonnen: Ost nimmt den Stich mit K oder A und hat jetzt kein Pik mehr (oder, wenn er noch eines hat, hatte West ursprünglich nur vier Piks). Außer 2 Pik- und zwei Coeurstichen können Ost-West nichts weiter machen.

Die ganze Hand:

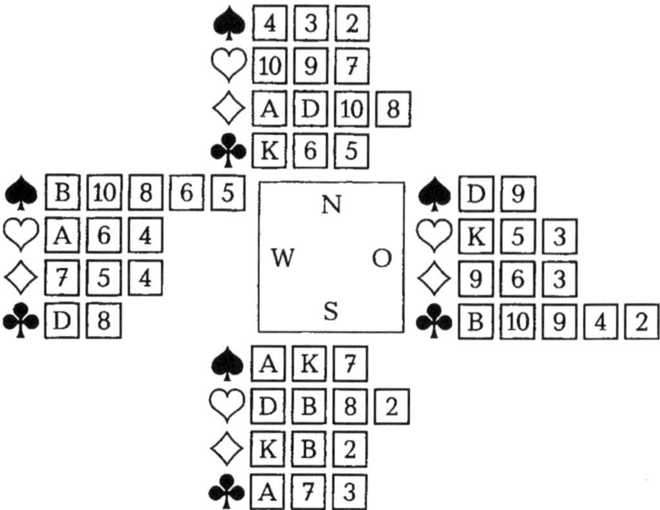

West greift gegen 3 SA von Süd mit Pik 6 an, Ost gibt die Dame:

1. Variante (schlecht): Süd nimmt sofort mit dem Pik K und spielt klein Coeur zur 10 des Tisches. Ost gewinnt mit dem König und spielt die Pik 9 zurück. Verweigern hilft *jetzt* nichts mehr, denn West übernimmt mit der 10 und spielt Pik. Unser As fällt. West kommt mit Coeur As zu Stich und kassiert zwei weitere Pikstiche = 1 down.

2. Variante (gut): Süd verweigert *sofort*. Ost spielt Pik nach. Süd nimmt mit K oder A und spielt klein Coeur zur 10. Ost gewinnt mit dem König und kann kein Pik mehr spielen. Hätte Ost, dies alles voraussehend, zum zweiten Stich nicht mit Pik 9, sondern mit Treff B fortgesetzt, dann hätte Süd auch Treff einmal verweigern müssen, um damit West in Treff „auszubremsen".

Wenn in dieser Hand Coeur As und König bei West sitzen, fallen wir bei jeder Spielweise. Durch das Verweigern haben wir aber unsere Chance gewahrt und unsere Erfolgsaussichten verbessert:

UM DEINE AUSSICHTEN ZU STEIGERN,
MUSST DU BEIM SANS MANCHMAL VERWEIGERN!

(WARUM? UM ZWISCHEN GEGNERS HÄNDEN
JEDE VERBINDUNG ZU BEENDEN).

DIE SIEBEN, EINE WUNDERZAHL,
VERRÄT DIR AUCH, WIEVIELE MAL.

KAPITEL 6

Ist Dein Dummy lang und schwach, duck, sonst geht's hinab den Bach!

Mit „Verweigern" (Hold up, zurückhalten, nicht nehmen) hatten wir die alleinspieltechnische Vorsichtsmaßnahme bezeichnet, mit der wir einen Stich in der alleinigen Absicht nicht nehmen, die Verbindung zwischen den
GEGNERISCHEN HÄNDEN ZU UNTERBRECHEN, um nicht down zu gehen.

Im haargenauen Gegensatz dazu steht das Ducken, bei dem wir in einer von uns selbst gespielten Farbe einen Stich nicht nehmen, um die Verbindung zwischen den
EIGENEN BEIDEN HÄNDEN AUFRECHT ZU ERHALTEN und dadurch den Kontrakt zu erfüllen.

Wir haben auf Nord-Süd:

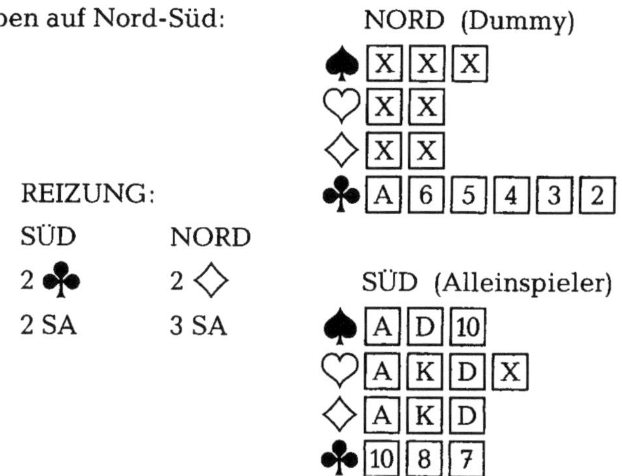

Angriff von West: Karo Bube. Der Alleinspieler zählt: 1 Pikstich, 3 Coeurstiche, 3 Karostiche und 1 Treffstich = 8. Der neunte Stich könnte aus einem gelungenen Pik-Tiefschnitt gegen Osts Buben kommen. Sitzt der aber bei West, dürfte die Hand verloren gehen, selbst wenn der Pik König jetzt bei Ost steht, da man mit Treff As nur einen einzigen Übergang zum Tisch hatte und den Pik-Schnitt nun nicht wiederholen kann. Daher: neuer Plan. Der neunte (zehnte und u. U. elfte) Stich muß aus der Treff-Farbe entwickelt werden. Nun ist der Dummy zwar lang in Treff, aber äußerst schlapp, was die Treffqualität und die Übergangssituation betrifft. Deshalb müssen wir hier sehr behutsam vorgehen und dürfen das Treff As keinen Moment zu früh spielen, sondern erst dann, wenn die restlichen kleinen Treffkarten zu wirklichen Stichen herangereift sind.

Süd nimmt also den westlichen Karo Buben in der Hand und spielt Treff 10. West gibt die 9 und der Tisch bleibt klein (= duckt). Ost nimmt mit dem Treff Buben und spielt Karo zurück, das Süd mit dem König gewinnt. (Falls Ost auf die etwas glorreichere Idee kommt, Pik zu spielen, setzt Süd die Pik 10 ein.) Der Alleinspieler spielt erneut Treff – West gibt die Dame – und duckt ein zweites Mal am Tisch. Wenn er jetzt wieder mit Karo (oder Pik) zu Stich kommt, kann er endlich sein drittes und letztes Treff am Tisch mit dem As übernehmen und dort noch drei weitere Treffstiche kassieren. Keinen Moment zu spät hat Süd das gemacht, denn selbst wenn die Treffs 2 – 2 gestanden hätten:

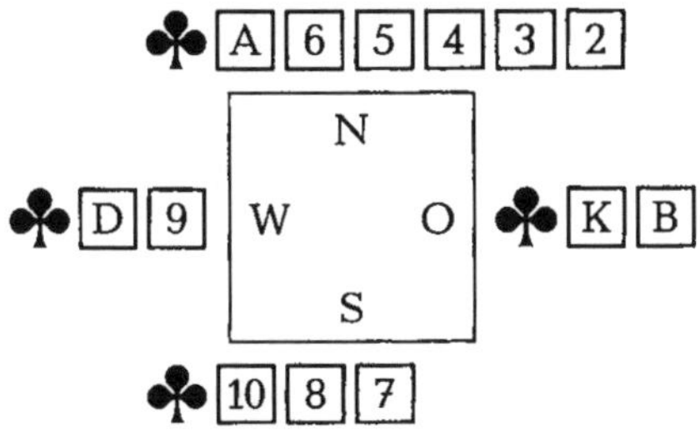

mußte Süd *zweimal* ducken, weil sonst die dritte Treffkarte der Hand die restlichen vier Treffwinzlinge des Tisches blockiert und

Süd nur neun statt zehn oder elf Stichen gemacht hätte. Standen aber die gegnerischen Treffs 3 – 1, dann hätte Süd gar nur einen Treffstich gemacht und wäre gefallen.

Auch hier:

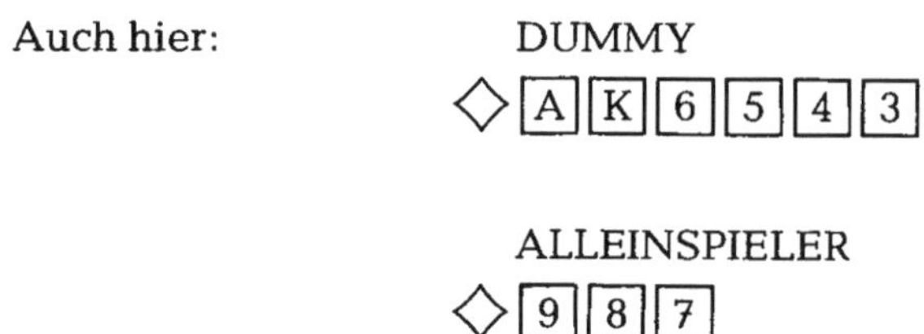

(der Tisch hat außer Karo As und König keinen weiteren Übergang) ist Behutsamkeit am Platz. Einmal ducken lautet hier die Parole, wenn wir mehr als nur zwei Stiche in dieser Farbe machen wollen oder müssen. Und falls wir beim ersten Ducken festgestellt haben, daß die Karos beim Gegner 4 - 0 verteilt sind, müssen wir sogar zweimal ducken, um vier Karostiche zu machen.

In dieser häufigen Situation

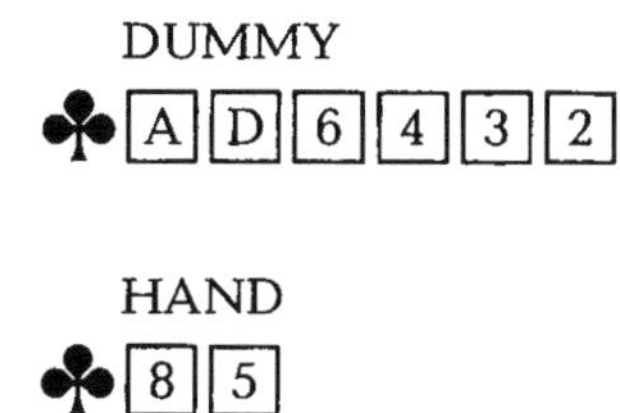

geht es immer den Bach hinab, wenn der Alleinspieler nicht duckt, und zwar *als allererste Aktion.* Außer in Treff hat der Alleinspieler keine Übergangsmöglichkeit zum Tisch, er benötigt aber mindestens drei Treffstiche. Wenn Süd hier als erstes den Treff-Impass gegen Wests König spielt, *kann* der Tisch nur zwei Treffstiche machen, selbst wenn der König bei West sitzt:

a)

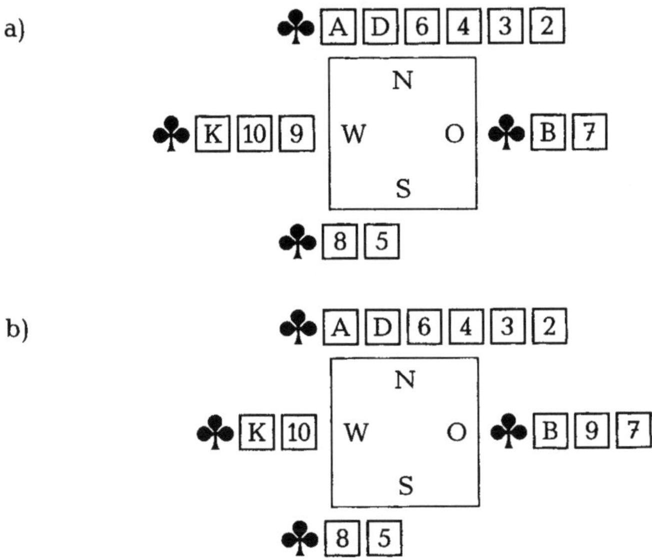

Im Fall a) bremst der Treff König den Tisch aus, und im Fall b) ist es Osts Treff B, der die Trefflawine vom Tisch aufhält. Wenn Süd dagegen beim ersten Stich in dieser Farbe klein aus beiden Händen spielt (= duckt), ist alles ganz anders und viel schöner:

a) nach dem Ducken:

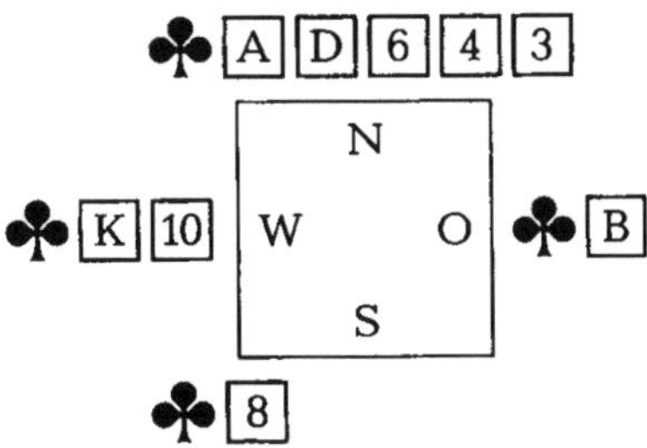

b) nach dem Ducken:

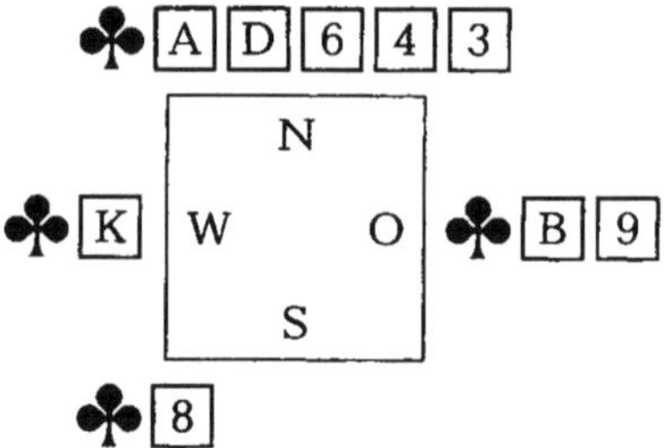

Wenn wir *jetzt* den Treff-Impass gegen West spielen, machen wir in beiden Fällen fünf Treffstiche am Tisch. Natürlich machen wir bei diesem Ducken Null Treffstiche, wenn der Treff König bei Ost sitzt, aber wir waren ja davon ausgegangen, daß wir mindestens drei Treffstiche machen wollen oder müssen, und sollten uns im klaren darüber sein, daß das nur durch

ERST DUCKEN,
DANN SCHNEIDEN

möglich ist und nicht umgekehrt.

In den vielen, vielen unausgeglichenen Händen, bei denen wir als Alleinspieler sehr stark sind, unser Dummy aber äußerst (übergangs)schwach ist und eine lange Farbe hat, gilt darum die Regel:

IST DEIN DUMMY LANG UND SCHLAPP,
DUCK! SONST GEHT'S DEN BACH HINAB.

oder

IST DEIN DUMMY LANG UND SCHWACH,
DUCK! SONST GEHT'S HINAB DEN BACH.

KAPITEL 7

Willst Du spielen Schnipp und Schnapp, zieh erst die Gewinner ab!

Eine bei Alleinspielern beliebte und von der Gegenseite gefürchtete Spieltechnik ist der berühmte Cross-Ruff, auf gut deutsch das Schnipp-Schnapp-Spiel, bei dem der Alleinspieler nicht die gegnerischen Trümpfe abzieht, sondern die Verlierer der Hand am Tisch trumpft und die Verlierer des Tisches in der Hand schnappt. Als Gegenspieler kommt man sich dabei ziemlich blöd und mißhandelt vor, so als ob man immer abwechselnd rechts und links Backpfeifen verpaßt bekommt und sich nicht dagegen wehren kann. Es ist ein grausames Spiel, und Siegmund Freud würde sich bei heimlicher Beobachtung der Mimik eines schnipp-schnappenden Alleinspielers so seine eigenen Gedanken machen, aber lassen wir das lieber. Schließlich wollen wir hier nicht in die Tiefen der Psyche von Alleinspielern steigen, sondern gute Spieltechnik lernen.

Wann spielt man überhaupt Schnipp-Schnapp? „Normalerweise" zieht man doch möglichst frühzeitig die gegnerischen Trümpfe, damit da nichts passieren kann, und etabliert vorher oder nachher seine zweite Farbe oder die Farbe des Tisches. Wenn man aber sieht, daß die zweite Farbe der Hand oder die lange Nebenfarbe des Tisches qualitativ zu schwach und daher nicht etablierbar, die andere Hand aber in dieser Farbe sehr kurz ist (single oder chicane), wird man sich den Cross-Ruff überlegen:

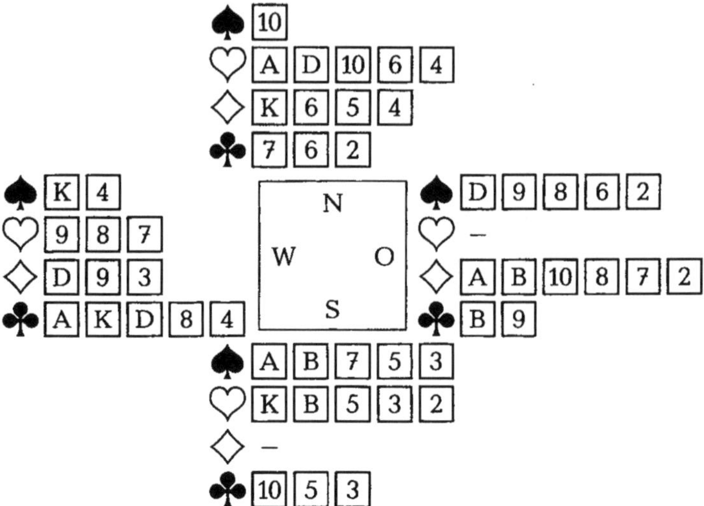

Süd ist Alleinspieler in 4 Coeur geworden (die Gegner bemerkten nicht, daß sie 5 bis 6 Karo drinhaben, sondern kontrierten 4 Coeur). West zieht drei Treffstiche ab und spielt dann klein Trumpf. Ost gibt Karo 8. Wenn wir (Süd) jetzt Wests restliche Trümpfe ziehen, bleiben wir zum 7. Stich mit diesen Restkarten sitzen:

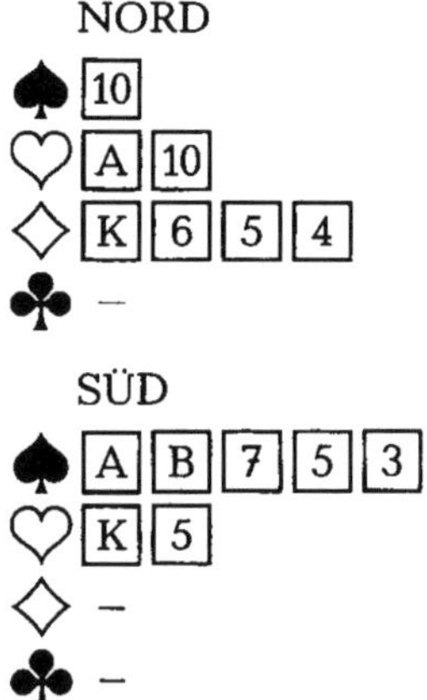

und können nur noch Pik As und vier Coeurstiche gewinnen. Das wären zwei Faller. Hätten wir dagegen sofort nach Wests erstem Coeurspiel mit dem Schnipp-Schnapp begonnen, indem wir Pik As abziehen und dann abwechselnd die Piks am Tisch schnippen und die Karos in der Hand schnappen, dann hätten wir mit Pik As, einem Coeurstich und je vier Schnipp-Schnappern am Tisch und in der Hand unsere 10 Stiche heimgetragen. So weit, so gut.

Nun gibt es Hände, bei denen durch die Kartenverteilung eine Fallgrube für den grausamen Tiger, den Schnipp-Schnapp-Spieler, ausgehoben und dann fein säuberlich zugedeckt wurde, bevor auf Ost-West zwei ängstlich meckernde Ziegen angepflockt wurden.

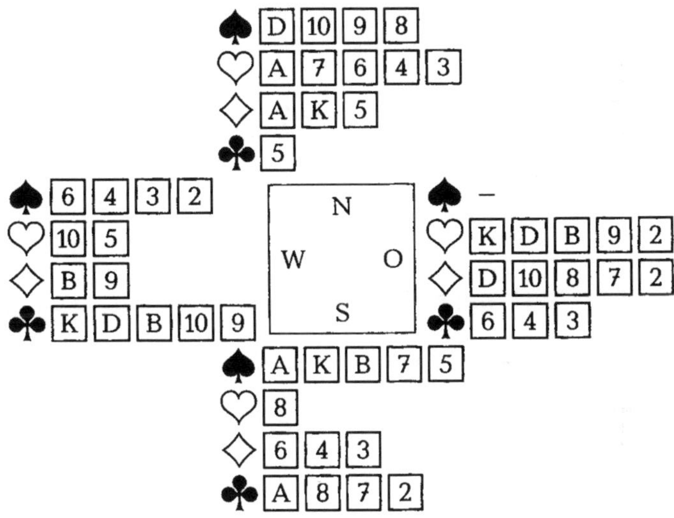

Süd ist Alleinspieler in Sechs Pik. Ziege West greift mit dem Treff König an. Der Tiger zählt Stiche: Coeur As, Karo As und König, Treff As sind vier. Drei Treff-Schnapper am Tisch sind sieben. Vier Coeur-Schnapper in der Hand sind elf. Und das fünfte Pik der Hand bringt den 12. Stich. Also: Cross-Ruff! Da Süd am Tisch dreimal trumpfen will, darf er nur eine Trumpfrunde (Pik 5 zur 8 des Tisches) spielen. Die restlichen drei Trümpfe des Tisches benötigt er für die drei Treff-Schnapper, und in die Hand kommt er jeweils mit einem Coeur-Schnapper zurück. Drohen irgendwelche Gefahren? Na? Und ob!

Wenn Süd sogleich mit dem Cross-Ruff beginnt und in dessen Verlauf zum zweiten Mal Coeur in der Hand trumpft, hat auch West kein Coeur mehr und wirft – schwupp – die Karo 9 ab. Später trumpft West den Karo König nieder und mit einem weiteren Karo-Verluststich geht Süd einmal down. War das zu vermeiden? Der Spielplan war doch in Ordnung, soviel wir uns erinnern können. Er sah aber zwei Karostiche als fest gebont vor. Hätte Süd sie *gleich* kassiert, wär' das Malheur ihm nicht passiert. So aber stürzte der Tiger in die Fallgrube und das dahinter angepflockte Zicklein meckert nun gar nicht mehr ängstlich, sondern mit unverhohlener Freude. Und dies ist die wichtige Regel, die jetzt dem Tiger in der Grube, beim nächsten Mal – falls es für ihn noch ein nächstes Mal gibt –, schon einfällt, bevor er zum Sprung ansetzt:

WILLST DU SPIELEN SCHNIPP UND SCHNAPP,
ZIEH' **ERST** DIE GEWINNER AB!

KAPITEL 8

Willst Du den Extrastich erzielen, laß doch den Gegner für Dich spielen! Er muß in einer Farbe kommen, wenn Du die andren ihm genommen.

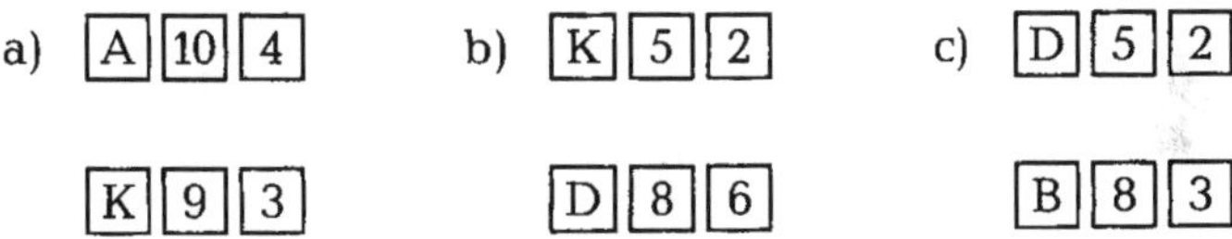

Wenn wir eine dieser Allerwelts-Kartenkombinationen in der Hand und auf dem Tisch selbst „aufreißen", d. h. als erste spielen müssen, dann machen wir im Fall a) mit ziemlicher Sicherheit nur zwei Stiche (es sei denn, D und B sitzen „sec" und fallen um oder wir finden eine blanke Figur und impassieren erfolgreich gegen die andere), im Falle b) höchstwahrscheinlich nur einen Stich (es sei denn, wir finden das double As, siehe Kap. 4) und im Fall c) überhaupt keinen Stich, wenn die beiden Hochfiguren nicht in einer Hand sitzen.

Wenn aber der Gegner diese Farben für uns aufreißt, d. h. erstmals spielt, dann können wir im Fall a) alle drei Stiche – auf dem Hinweg fällt beispielsweise die Dame, auf dem Rückweg schneiden wir dann gegen den Buben –, im Falle b) zwei Stiche und im Fall c) mit Sicherheit einen Stich machen, in jedem der drei Fälle also einen Stich mehr denn aus eigener Kraft.

Gut, dann lassen wir doch den Gegner diese Farben für uns spielen! Freiwillig wird er dies natürlich nicht tun, das ist klar. Aber in vielen Farbkontrakten und auch so manchem SA-Kontrakt können wir als Alleinspieler einen der beiden Gegner dazu *zwingen,* genau das zu essen, was ihm gar nicht schmeckt, indem wir ihm vorher alle anderen Speisen wegnehmen. Zum Beispiel:

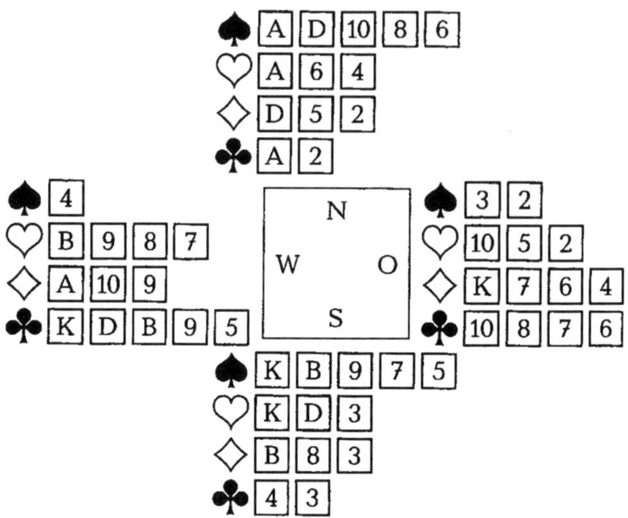

Süd ist beispielsweise über eine Precision-1-Treff-Eröffnung von Nord zum Alleinspieler in 4 Pik geworden, gegen die West mit Treff K angreift. Bei einem derartigen „Spiegelblatt", d. h., wenn alle Farben am Tisch und in der Hand genau gleich lang sind, gibt es naturgemäß keine Abwürfe. Die Aussichten für den Kontrakt sind also auf den allerersten Blick nicht besonders rosig, denn wir müssen wohl einen Treffstich und drei Karostiche verlieren, FALLS WIR DIE KAROS SELBST ANPACKEN. Jetzt, in diesem Stadium der Spielplanung, sollte uns aber unbedingt der Merkvers einfallen, der über diesem Kapitel steht. Können wir nicht vielleicht den Gegner zwingen, die Karos für uns zu spielen? Wir können!

Treff König wird mit dem As genommen. Zwei Trumpfrunden folgen. Anschließend werden alle drei Coeur-Stiche abgezogen. Zum 7. Stich sieht das Ganze dann so aus:

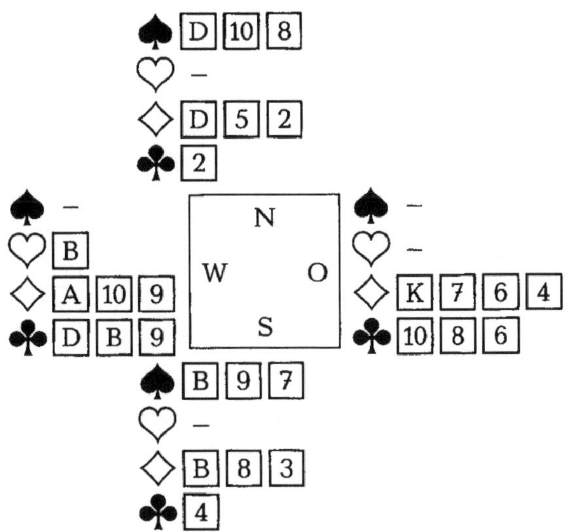

Das Bühnenbild für unseren großen Auftritt ist bereit. Der Vorhang geht auf: wir spielen Treff 2 und 4 von Tisch und Hand. Einer der beiden Gegner kommt zu Stich und muß anschließend

entweder

die Karos für uns aufmachen, was einen sicheren Stich für uns bedeutet, wenn wir nur in zweiter Hand klein spielen und in aller Gemütsruhe zusehen, was von der dritten kommt,

oder

aber in die sogenannte Doppel-Chicane in Treff oder Coeur spielen, was genauso gut (für uns) ist, denn dann trumpfen wir am Tisch und werfen aus der Hand einen Karo-Verlierer ab oder umgekehrt.

Wie man sieht, waren beide Gegner hilf- und machtlos.
Noch ein Beispiel:

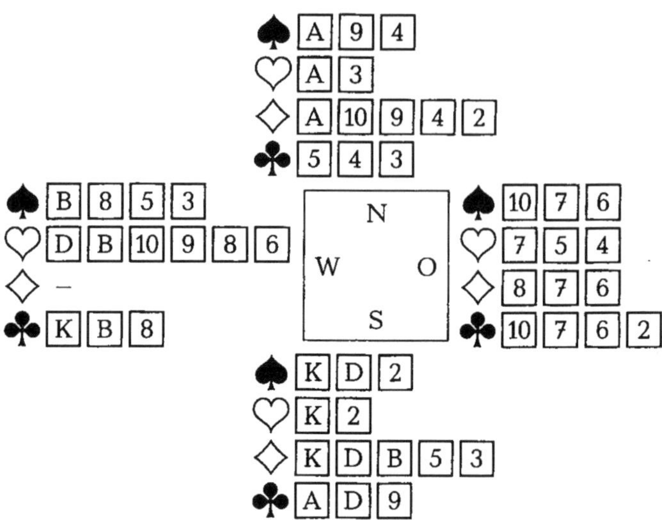

Endkontrakt: 6 Karo von Süd. Angriff von West: Coeur Dame. Für diesen Klein-Schlemm gibt Mr. Virgil Pennyfoxer, der Chefkassier der Bank von England, eines bekannt vorsichtigen Geldinstituts, *jeden* gewünschten Barkredit, denn er ist ein guter Bridgespieler. Wie kann der Mann so sicher sein? Muß man nicht zwei Treffstiche verlieren, wenn K B x bei West stehen, also *hinter* A D 9 der Hand, wie es hier tatsächlich der Fall ist?

Nein, nicht, wenn wir das Spiel sorgfältig planen und dann korrekt abwickeln: wir nehmen den ersten Coeurstich in der Hand, ziehen drei Runden Trumpf, anschließend drei Runden Pik und erreichen im achten Stich den Tisch mit Coeur As. Der Rest der Karten sieht jetzt so aus:

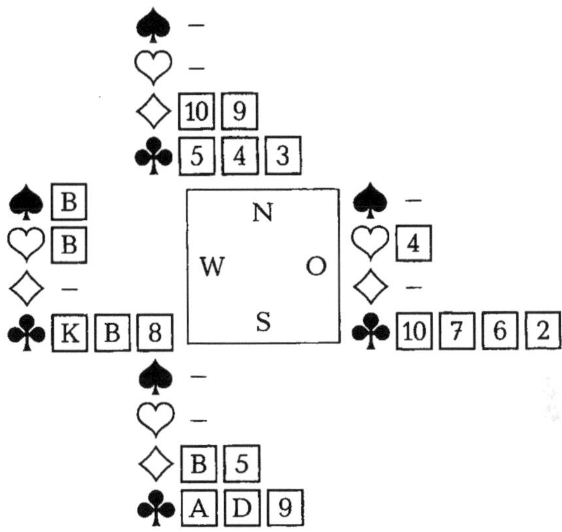

Nun spielen wir vom Tisch klein Treff zur – 9 der Hand. West muß mit dem Buben nehmen und kann jetzt

entweder

nur Treff in unsere große Gabel A D

oder

wiederum in die Doppel-Chicane von Tisch und Hand mit den bekannten Folgen (Trumpfen in der einen, Treff-Abwurf in der anderen Hand) spielen. Hätte Ost auf das kleine Treff des Tisches die 10 eingesetzt, wäre auch nichts passiert. Wir hätten fröhlich die Dame draufgelegt: West muß mit dem König nehmen und von B 8 in unsere Gabel A 9 antreten. Das Knirschen der westlichen Zähne ist noch je drei Tische aufwärts und abwärts deutlich zu hören. Pennyfoxer hatte recht.

In den beiden vorangegangenen Beispielen ergab sich die teils ärgerliche (für OW), teils erfreuliche (für uns) Situation nahezu automatisch, sofern wir nur alle unsere Stiche in den anderen Farben abzogen (Fachausdruck: *Elimination*). Es gibt darüber hinaus zahllose Hände, in denen wir die Elimination ein bißchen vorbereiten bzw. aktiv herbeiführen müssen. Dazu noch ein sehr einfaches Beispiel:

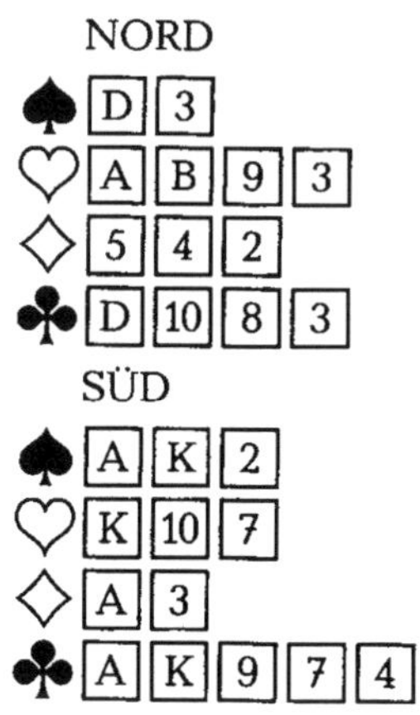

Eigentlich wollten wir ja nur 5 Treff spielen, aber Mr. Pennyfoxer meinte, dieser Kontrakt brächte uns nicht unbedingt die Tapferkeitsmedaille ein. Wir vertrauten seinem Urteil und reizten Sechs Treff. Aber hängt der kleine Schlemm nicht von einem gelungenen Coeur-Schnitt gegen die Dame ab? Müssen wir nicht zwei Stiche – einen in Karo und einen in Coeur – verlieren, wenn wir den Sitz der Coeur Dame falsch raten?, werden wir uns beim ersten Blick fragen. Mit dem zweiten sehen wir aber, daß wir den Schnitt in Coeur gar nicht brauchen, sondern daß wir den Gegner zwingen können, die Coeurs für uns zu spielen. Ausspiel von West: Karo König. Wir gewinnen den Stich mit dem As und spielen drei Trumpfrunden. Es folgen drei Pikrunden. Auf das dritte Pik der Hand werfen wir vom Tisch nicht etwa ein kleines Coeur, sondern eines der beiden kleinen Karos ab, um zum achten Stich diese Konstellation zu erreichen:

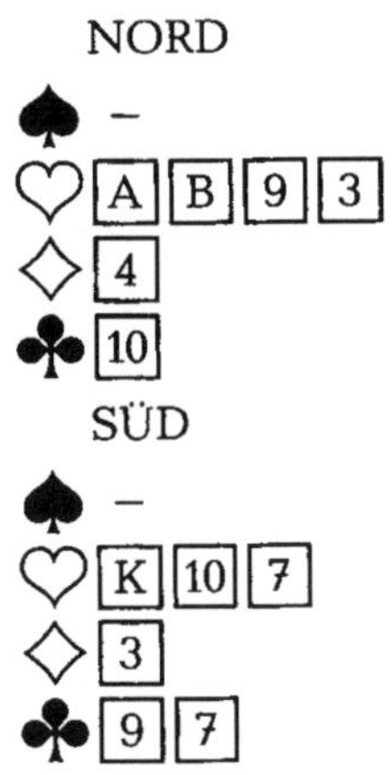

Jetzt ist es wieder soweit: wir übergeben mit dem jeweils letzten Karo vom Tisch und Hand an den Gegner. Ob dieser Gegner Ost oder West heißt, kann uns relativ egal sein: das Coeur-Nachspiel lassen wir wieder über 270° um den Tisch herumkommen, indem wir in zweiter Hand klein spielen und zusehen, ob aus der dritten Hand die Dame erscheint. Wenn ja, fangen wir sie mit der Hochfigur der vierten Hand, wenn nein, macht Bube oder 10 der vierten Hand diesen Stich.

Durch *Elimination* haben wir zwölf absolut sichere Stiche erzielt. Der Schnitt auf die Coeur Dame hat immer nur eine 50%ige Erfolgsaussicht. Wir wären schlechte Kaufleute, wenn wir auf eine 50%ige statt auf eine 100%ige Chance vertrauten. Der lerneifrige Leser, der sich für diese Spieltechnik etwas Routine aneignen möchte, sollte die drei Beispielhände beim nächsten Bridgeabend mit Freunden durchspielen, wobei die Ost-West-Hände im dritten Beispiel beliebig gemischt und verteilt werden können. Alle vier werden von dieser Spieltechnik restlos begeistert sein und im weiteren Verlauf ihrer Bridgekarriere bei der Anfertigung des Spielplans für solche Hände auch immer die Möglichkeit prüfen:

WILLST DU DEN EXTRASTICH ERZIELEN,
LASS DOCH DEN GEGNER FÜR DICH SPIELEN.

ER MUSS IN **EINER** FARBE KOMMEN,
WENN DU DIE **ANDREN** IHM GENOMMEN.

KAPITEL 9

Kannst Du nicht genug berappen, laß die lange Trumpfhand schnappen!

Das häufig anzuwendende oder „normale" Prinzip bei Farbkontrakten ist doch dieses: man verschnappt gegebenenfalls Trümpfe der kürzeren Trumpfhand, i. e. des Tisches, um beispielsweise die zweite Farbe der Hand hochzustechen oder einfach, um Verlierer der Hand zu versorgen:

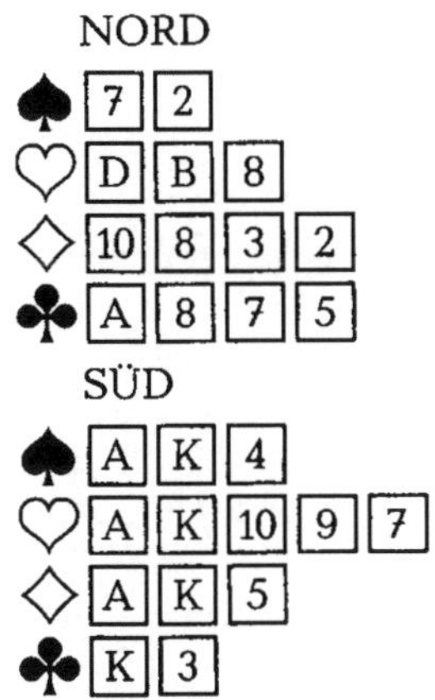

Süd ist Alleinspieler in Sechs Coeur und bekommt den Angriff Treff Dame. Der relativ einfache Spielplan dürfte so aussehen: Ich habe: zwei Pikstiche, fünf Coeurstiche in der Hand, zwei Karostiche und zwei Treffstiche, macht zusammen elf. Den zwölften Stich bringt ein Pikschnapper am Tisch. Deshalb wird Süd die Treff-Dame mit dem König in der Hand nehmen, zwei Runden Coeur spielen, dann Pik As, König abspielen, sein letztes Pik am Tisch trumpfen, mit Karo in die Hand zurückgehen und das oder die letzten Atouts der Gegner abziehen. Das war nicht weiter schwer.

Wie aber sieht es bei der folgenden Hand aus?

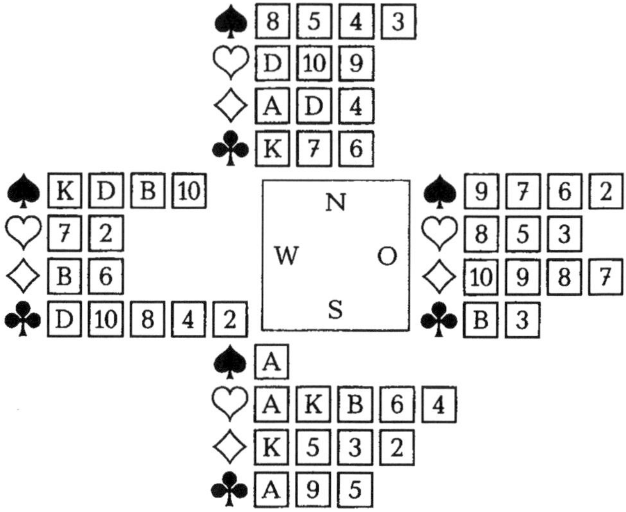

Süd ist wieder Alleinspieler in Sechs Coeur, Angriff Pik König. Süds Spielplan: 1 Pikstich, 5 Coeurstiche, 3 Karostiche und 2 Treffstiche sind erst elf. Auweh! Haben wir etwa zu hoch gereizt? Eigentlich nicht, denn wir haben doch 30 schöne Punkte und einen Coeur-Fit. Wo aber soll Stich Nr. 12 herkommen? Falls die Karos beim Gegner 3 - 3 verteilt sind, könnte die vierte Karokarte der Hand den 12. Stich ergeben. Das hat aber nur eine 36%ige Chance, wie wir schon an anderer Stelle gelesen haben, und das bedeutet, daß wir in knapp *zwei* Drittel aller Fälle in dieser Hand down gehen, falls wir die Trümpfe ziehen und auf den 3-3-Stand in Karo bei Ost-West vertrauen. Es wäre also kein Pech, wenn wir fallen, sondern Glück, wenn wir erfüllen.

Es gibt hier aber die Möglichkeit, das Pech-Glück-Verhältnis genau umzudrehen, so daß wir in knapp *einem* Drittel aller Fälle down gehen und in reichlich zwei Drittel Sechs Coeur erfüllen. Wir drehen einfach das althergebrachte Prinzip: „der Tisch sticht und die Hand zieht die Trümpfe" ins Gegenteil um: indem wir mit der *langen* Trumpfhand *schnappen* und mit der kurzen Trumpfhand später die restlichen Trümpfe der Gegner ziehen, verlängern bzw. erhöhen wir die Anzahl der Trumpfstiche von fünf auf sechs. Und das wäre der benötigte zwölfte Stich:

Auf geht's:
1. Stich: Pik As in der Hand
2. Stich: klein Coeur zur 9 des Tisches (beide Gegner bedienen Coeur)
3. Stich: Pik 4 vom Tisch, aus der Hand Trumpf As.
4. Stich: klein Coeur zur 10 des Tisches (beide Gegner bedienen, hurra!)
5. Stich: Pik 5 vom Tisch, aus der Hand Coeur König.
6. Stich: klein Karo zur Dame des Tisches.
7. Stich: Pik 8 vom Tisch, Coeur Bube aus der Hand.
8. Stich: klein Treff zum König des Tisches.
9. Stich: Coeur Dame vom Tisch, aus der Hand klein Treff.

Der Rest ist einfach: zwei weitere Karostiche und Treff As ergeben die Stiche 10, 11 und 12. Der Gegner bekommt am Schluß einen Karostich, falls die Karos nicht ausfallen.

„Ja, Moment mal", wird mancher Leser jetzt opponieren, „Was ist denn, wenn die Trümpfe beim Gegner nicht 3 - 2 stehen, wie bei dem Beispiel, sondern 4 - 1 oder gar 5 - 0? Dann fällt man doch bei dieser Spielweise, hm?"

Der Einwand ist berechtigt. Aber er ist wiederum mit Hilfe der mathematischen Wahrscheinlichkeit widerlegbar: die 3-2-Verteilung von fünf ausstehenden Karten hat nicht weniger als 68% auf ihrer Seite. Negativ ausgedrückt bedeutet das: In 32% der Fälle müssen wir bei dieser Spielweise fallen, also in knapp einem Drittel. Wenn wir jetzt die Prozentzahlen

Karo 3 - 3 = 36% ja	-	64% nein
Coeur 3 - 2 = 68% ja	-	32% nein

einander gegenüberstellen, wird auch der kritischste Opponent überzeugt sein, daß wir diese Hand so spielen mußten und nicht anders. Und außerdem können wir beim vierten Stich, als wir angesichts der 3-2-Verteilung der Trümpfe beim Gegner Hurra! dachten, noch immer von der anfangs gewählten Spielweise abgehen, falls einer der beiden Gegner kein Coeur mehr bedient. In diesem Fall bleibt uns noch die Chance auf den Karo 3-3-Stand oder die hauchdünne Chance auf einen doppelten Squeeze in Treff-Pik gegen West und Karo-Pik gegen Ost.

Für diese Umkehr des Tisch-Hand-Prinzips (Fachausdruck **DUMMY REVERSAL**) sind drei Voraussetzungen erforderlich:

1. die lange Trumpfhand muß in einer Nebenfarbe extrem kurz sein, die am Tisch viele Verlierer hat.
2. der Tisch benötigt drei Trümpfe, an deren Spitze mindestens eine hohe Karte stehen muß, die höher als die höchste gegnerische Trumpfkarte ist.
3. der Tisch benötigt genügend Übergänge, um dreimal in der Hand schnappen und schließlich das letzte gegnerische Atout ziehen zu können. Die Kunst, diese Spieltechnik anzuwenden, besteht weniger in der technischen Durchführung, als eher darin, diese Möglichkeit zu entdecken, wenn man am Tisch sitzt, und in ein bißchen Mut, alteingefahrene Geleise zu verlassen oder, um es

etwas unhöflicher auszudrücken, seine alten Stiefel mal in die Ecke zu schmeißen und ein neues Paar Schuhe zu probieren.

Hier noch eine zweite Hand, um den Blick zu schärfen:

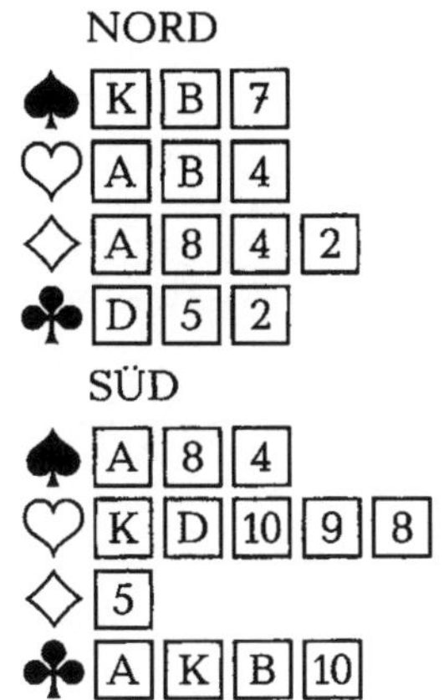

Nord-Süd haben in einer Art Parforce-Ritt Sieben Coeur gereizt. Ein bißchen frivol vielleicht, aber es ist eben passiert. Ein Zurück gibt es jedenfalls nicht mehr. Süd erhält den Angriff Karo König und zählt seine Stiche: zwei in Pik, fünf in Coeur, einen in Karo und vier in Treff, macht zusammen zwölf. Der dreizehnte könnte durch einen gelungenen Pik-Schnitt gegen die Dame bei West an Land gezogen werden. Der Impass hat aber, wie wir wissen, „nur" 50% Erfolgsaussichten. Gibt es vielleicht etwas Besseres? Jawohl! TISCH-UMKEHR! Die drei Voraussetzungen sind da.

Stich Nr. 1: Karo As am Tisch

Stich Nr. 2: Karo 2 vom Tisch, in der Hand mit Coeur K getrumpft.

Stich Nr. 3: Coeur 8 von der Hand, Coeur 4 vom Tisch (beide Gegner bedienen).

Stich Nr. 4: Coeur 9 zum Buben des Tisches (beide Gegner bedienen, wunderbar!)

Stich Nr. 5: Karo 4 in der Hand getrumpft.
Stich Nr. 6: mit Pik 4 zum König des Tisches.
Stich Nr. 7: Karo 8 mit dem letzten Trumpf der Hand geschnappt.
Stich Nr. 8: mit Treff 10 oder Bube zur Dame des Tisches.
Stich Nr. 9: mit Coeur As wird das letzte Atout der Gegner gezogen, die Hand wirft Pik 8 ab.
Die Stiche 10, 11, 12 und 13 sind: Pik As, Treff A, K und B.

Hätte beim vierten Stich einer der beiden Gegner kein Atout mehr bedient, dann hätten wir unseren Plan ändern und auf den Pik-Schnitt gegen West vertrauen müssen. Diese Chance bleibt uns nämlich noch, sofern die Atouts 4-1 stehen. So aber haben wir mit einer 68%igen Chance operiert und gewonnen, während wir mit dem Pik-Schnitt ohne vorherigen Dummy-Reversal-Versuch mit einer 50%igen Chance gespielt und verloren hätten, wie die ganze Hand zeigt:

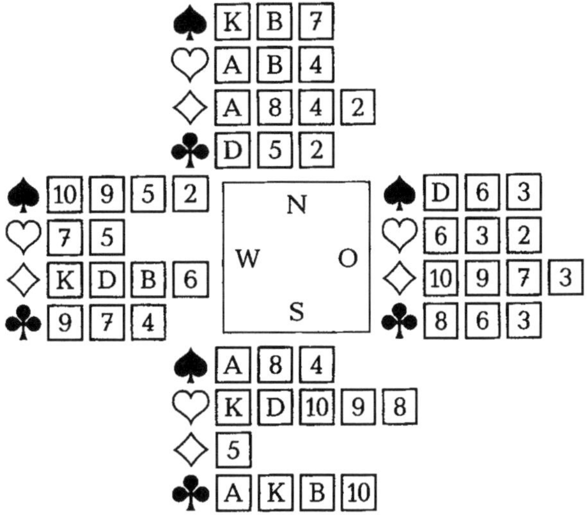

Dem geneigten Leser, der gern das neue Paar Schuhe einlaufen möchte, damit es im Ernstfall nicht drückt, wird heiß empfohlen, zu Hause, allein oder mit anderen Bridgefreunden, die beiden Beispielhände dieses Kapitels auszulegen und mehrfach durchzuspielen. Er wird an dieser eleganten Spielweise besonderen Gefallen finden und schon beim nächsten Turnier, wenn der „normale" Spielplan einen Stich zu wenig bringt, auch an diese Möglichkeit denken:

KANNST DU NICHT GENUG BERAPPEN,
LASS DIE **LANGE** TRUMPFHAND SCHNAPPEN!

KAPITEL 10

Hat ein Gegner „Hoch“ gesprochen, ist der Braten schon gerochen.

In dem Moment, da einer der Gegner eine 3er- oder 4er-Eröffnung vom Stapel läßt, sollten wir uns darauf einstellen, im Verlauf des Spiels die Hand dieses Gegners restlos bis zum letzten (= 13.) Hosenknopf auszuzählen: immerhin hat er uns mit seiner Eröffnung schon sieben oder acht seiner dreizehn Karten mitgeteilt, so daß nur noch sechs oder gar fünf Karten in seiner Hand Platz haben:

WEST	NORD	OST	SÜD
3 ♢	X	–	3 ♠
–	4 ♠	–	4 SA
–	5 ♡	–	6 ♠

West spielt Karo As aus, gefolgt von Karo König, den wir in der Hand trumpfen:

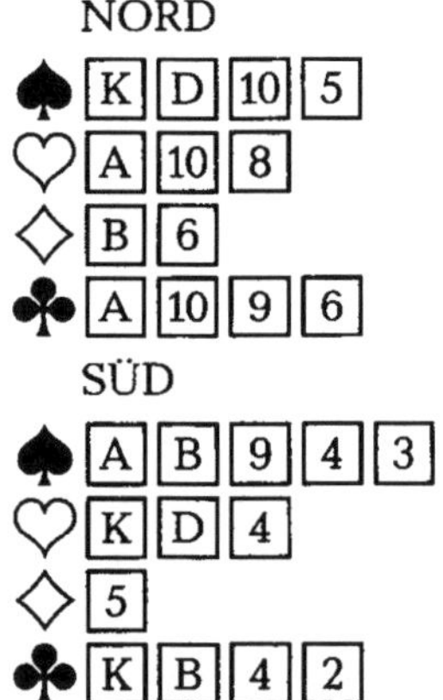

Wir dürfen keinen Treffstich verlieren, müssen also die Treff Dame in einer der beiden Gegnerhände finden und herausschneiden. Wir spielen vorerst zwei Runden Trumpf. Beide Gegner bedienen. Anschließend spielen wir drei Runden Coeur. Beide Gegner bedienen dreimal. Und das ist auch schon das Aus für die Treff Dame, ob sie nun bei Ost oder West stehe: wir kennen bereits zwölf Karten der Westhand: sieben Karos, zwei Piks und drei Coeurs. Die dreizehnte Karte kann nur ein weiteres Karo, das letzte Coeur oder *ein* Treff sein. Für mehr ist einfach kein Platz. Deshalb spielen wir jetzt getrost das Treff As vom Tisch. Falls die Dame nicht bei West erscheint, wissen wir, daß sie bei Ost ist und werden sie dort herausoperieren. Ohne Narkose. Mit 10 9 6 am Tisch und K B 4 in der Hand haben wir das erforderliche Operationsbesteck.

WEST	NORD	OST	SÜD
1 ♡	–	–	2 ◇
2 ♠	3 ◇	–	–
3 ♠	4 ◇	–	5 ◇
–	–	–	

Frage: Wieviele Karten der Westhand kennen wir schon aus der Reizung?

Antwort: Elf. West dürfte bei Anwendung eines halbwegs vernünftigen Bietsystems sechs Coeur- und fünf Pik-Karten gezeigt haben. Für Karos und Treffs bleiben in seiner Hand also nur noch zwei Plätze übrig. Diese einfache Rechnung soll man schon vor dem Ausspiel, schon während der Reizung aufstellen. Dann wird das Alleinspiel meist leichter und - besser.

West spielt jetzt gegen unsere 5 Karo den Coeur König aus. Der Tisch legt sich hin:

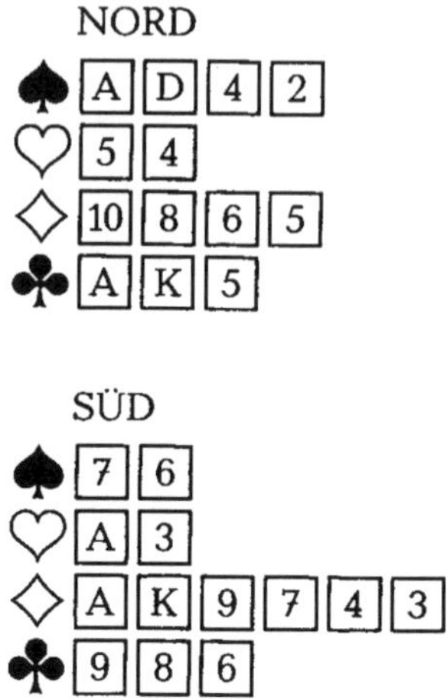

Unser Partner Nord hat sich nicht gerade mit Ruhm bekleckert mit seiner papiertigerhaften Reizung, aber was soll's. Mit Wests Hilfe haben wir ja doch noch 5 Karo erreicht. Beim Spielplan sehen wir: einen Coeur- und einen Treff-Stich müssen wir verlieren. Der Pik König dürfte bei West stehen, alles andere wäre eine faustdikke Überraschung. Bleibt also die Trumpffrage: stehen die Karos 0 (West) - 3 (Ost), dann müßten wir vom Tisch den Tiefschnitt ansetzen. Hat aber West eine Karofigur oder zwei Karokarten – mehr kann er nicht haben –, dann müßten wir Karo As und König abziehen. Was soll man also tun? Genaues weiß man nicht. Noch nicht. Es gibt bei dieser Hand, die in einer sehr hohen Rubberbridge-Partie vorkam, eine feine Spielweise, mit der man herausfinden kann, was zu tun ist. Der Alleinspieler nahm den ersten Stich mit Coeur As und spielte nach etwa zweiminütiger spielplanerischer Tätigkeit zum Erstaunen dreier ängstlicher Kiebitze klein Pik aus der Hand zur Dame des Tisches, die bei Stich blieb, spielte sofort das Pik As ab und schnappte eine dritte Pikrunde (Ost warf ein kleines Coeur ab) in der Hand. Jetzt spielte Süd unverfroren ein kleines Treff in Richtung Tisch. Die Kiebitze hielten den Atem an. West gab ein kleines Treff und Süd nahm den Stich mit Treff As, um abermals mit einem Pikschnapper in die Hand zu gehen (Ost warf ein weiteres Coeur ab). Süd spielte noch immer nicht Trumpf, sondern ein weiteres Treff aus der Hand. West gab wiederum Treff zu. Jetzt wußte der Alleinspieler endlich, was er von Anfang an wissen wollte: Ost hat alle drei Karos. Nur um das festzustellen, hatte er diese – scheinbar – riskante Spielweise gewählt. Hätte West nur ein Treff und dafür eine Karokarte gehabt, dann hätte er nur ins Leere, also einen Treff-Verlierer, trumpfen können. Deshalb mußte Süd zweimal Treff aus der Hand zu A K x des Tisches spielen. Der Rest war einfach. Der Alleinspieler legte jetzt die Karo 10 vom Tisch vor, die Ost nicht deckte, und ließ sie laufen. Selbst wenn Ost die Karo 10 mit dem Buben deckt – der Tisch hat dann im Moment keinen Übergang mehr, um den Karo-Schnitt gegen Osts Dame zu machen –, hätte Süd erfüllt. Er spielt einfach sein letztes Coeur, und wenn Ost nicht aufpaßt, kann Süd sogar einen Überstich erzielen. Wichtig bei dieser außerordentlich sorgfältig geplanten Spielweise war, daß Süd nicht sofort klein Treff spielte, dann wäre er nämlich nur noch mit Karo zurück in die Hand gekommen, und gerade das wollte der Alleinspieler wegen der ungeklärten Karosituation nicht. Mit dem Pikspiel verschaffte er sich zwei zusätzliche Übergänge zur Hand. Bravo, Süd! Er hat den Braten gerochen.

Weitere Beispiele für „hohes" Sprechen im Sinne des Kapitels sind folgende Reizungen:

WEST	NORD	OST	SÜD
2♣*	–	2♢	–
2♠	X	XX	3♡
–	–	X	–
–	–		

Süd kennt bereits mindestens neun Karten der Westhand, nämlich 5 (oder 6) Treffs und 4 Piks. Für Coeurs und Karos sind also höchstens noch vier Plätze übrig.

*) Precision Club

WEST	NORD	OST	SÜD
			1 ♠
2 SA*	3 ♡	–	4 ♡
–	4 ♠	–	6 ♠

*) Roth-Stone

Süd kennt schon mindestens 10 Karten der Westhand in Treff und Karo. Für die Edelfarben sind nur noch drei Plätze frei.

WEST	NORD	OST	SÜD
2 ♡*	3 ♣	X	–
3 ♢**	–	–	3 ♠
–	4 ♠	–	–
–			

*) Kelsey Tartan-Two
**) schwacher Zweifärber Coeur-Karo

Süd kennt schon mindestens 10 rote Karten bei West. Bleibt nur noch Platz für drei schwarze.

Manchmal hilft uns eine Hochansage der Gegner auf die Sprünge, d.h., das technisch richtige Spiel zu machen.

WEST	NORD	OST	SÜD
4 ♣	4 ♢	–	4 ♡
–	4 SA	–	5 ♢
–	6 ♡	–	–
–			

NORD
♠ A K 3
♡ K B 10 5
♢ A D
♣ A 5 4 2

SÜD
♠ 5 4 2
♡ A D 9 8 7 6 2
♢ K 2
♣ 6

West greift mit dem Treffkönig an.

Wir betrachten Hand und Tisch und denken: Spitze! Endlich mal eine problemlose Hand, denn zwölf Stiche liegen ja „von oben" da. Wirklich? Schnuppern wir mal ein bißchen: zieht nicht ein feiner Duft von gedünsteten Zwiebeln und Braten durch den Raum? Nein? Also spielen wir Treff As vom Tisch: BINGO! ruft Ost und trumpft. Schon ist der Braten angebrannt und stinkt entsprechend.

So ein Pech, könnten wir uns beklagen, nachdem wir gegen Ende des Spiels auch noch den unvermeidlichen Pikstich verlieren. Wenn wir etwas selbstkritischer sind, sollten wir aber denken: Ich Kamel! und uns gefälligst beim Partner für unsere schwache Vorstellung entschuldigen. Wests 4- ♣ -Eröffnung hat es uns doch so leicht gemacht, hier das technisch richtige Sicherheitsspiel aufzuziehen: wir sehen bei der Anfertigung unseres Spielplans, unmittelbar nach erfolgtem Angriff, daß wir einen Pikstich verlieren müssen, da es – scheinbar – keine Abwurfmöglichkeiten für ihn gibt. Dreizehn Stiche können wir also keinesfalls erzielen, darüber sollten wir uns im klaren sein. Zu welchem Zeitpunkt wir den *einen* Stich an den Gegner abgeben, ist für den Score +1430 ganz und gar unerheblich. Und deshalb tun wir das *sofort* und spielen auf Wests Treff-König *klein* Treff vom Tisch, *nicht das As*. Wenn West, mit Treff-König bei Stich geblieben, nun mit der Treff Dame fortsetzt, spielen wir abermals klein Treff vom Tisch und trumpfen in der Hand. Nachdem wir alle gegnerischen Trümpfe – so viele sind es ja nicht – abgezogen haben, können wir einen Pikverlierer aus der Hand auf das quicklebendige Treff As des Tisches abwerfen. Diesen und die anderen Braten hätten wir riechen müssen, denn

HAT DER GEGNER HOCH GESPROCHEN,
IST DER BRATEN SCHON GEROCHEN.

Intermezzo

(Reizung)

Während Alleinspiel und Gegenspiel weitestgehend den logisch-mathematischen Gesetzmäßigkeiten der 52 Karten:

Vier Hände à 13 Karten
Vier Farben à 13 Karten
Viermal 10 = 40 Punkte

sowie den mathematisch genau berechenbaren (und berechneten) Verteilungswahrscheinlichkeiten unterworfen sind und deshalb sehr viele Allein- und Gegenspieltechniken in die kategorische Form eines gereimten Zwei- oder Vierzeilers gepreßt werden können, ist dies für die Reizung in dieser Menge und Weise nicht möglich. Zu vielfältig sind die Bietsysteme und Konventionen, als daß man hier eine umfangreiche poetische Reizfibel zusammenstellen könnte. Was beispielsweise für ACOL oder Kaplan-Sheinwold Gültigkeit hätte, wäre ohne Nutzen für Precision Club oder die Kleine Treff, und umgekehrt. Von dem Verhältnis Reizung : Spiel könnte auch der Ex-Pudel Mephistopheles gesprochen haben, als er am Abend des Ostersonntag zu Faust sagte:

„Das erste steht uns frei, beim zweiten sind wir Knechte."

Dennoch soll in diesem Intermezzo mit einigen kurzen Kapiteln versucht werden, ein paar allgemeingültige Reizungsprinzipien in leicht einprägbarer Merkversform zu präsentieren. Viel Spaß.

KAPITEL 11

Hast Du genau Vier-Drei-Drei-Drei, ist Stayman nutzlos Spielerei.

Stayman-2♣ ist wohl die weitestverbreitete aller Konventionen, mit der man nach Partners 1-SA-Eröffnung einen Oberfarben-Fit sucht, um möglicherweise 4♡ oder 4♠ zu spielen und nicht den in diesem Fall schlechteren 3-SA-Kontrakt:

Süd eröffnet mit 1 SA (15-17) und Nord hält:

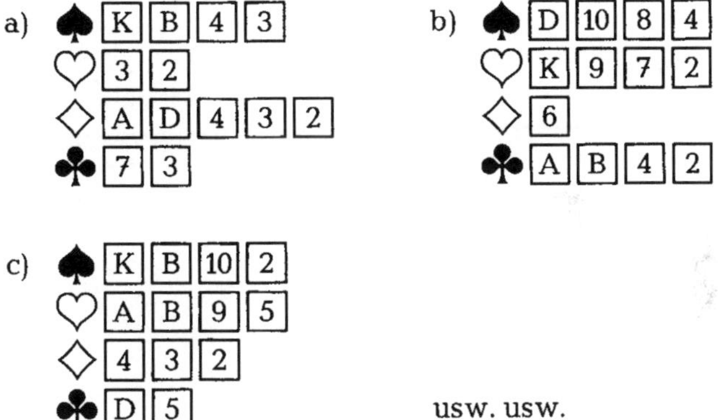

a) ♠ K B 4 3 ♡ 3 2 ◇ A D 4 3 2 ♣ 7 3

b) ♠ D 10 8 4 ♡ K 9 7 2 ◇ 6 ♣ A B 4 2

c) ♠ K B 10 2 ♡ A B 9 5 ◇ 4 3 2 ♣ D 5

usw. usw.

In allen drei Händen hat Nord punktemäßig genügend „Material", um in 3 SA zu springen. Dennoch wird er beim Partner mit 2♣ anfragen, ob er eine Vierer-Oberfarbe hat, denn angesichts der Kürzen und Schwächen in der Nordhand dürfte sich bei Vorhandensein eines Fits (4-4) in einer Oberfarbe das Volle Spiel leichter in dem Oberfarbenkontrakt spielen und erfüllen lassen.

Nun kann man aber auch oft beobachten, daß Nord mit solchen Händen

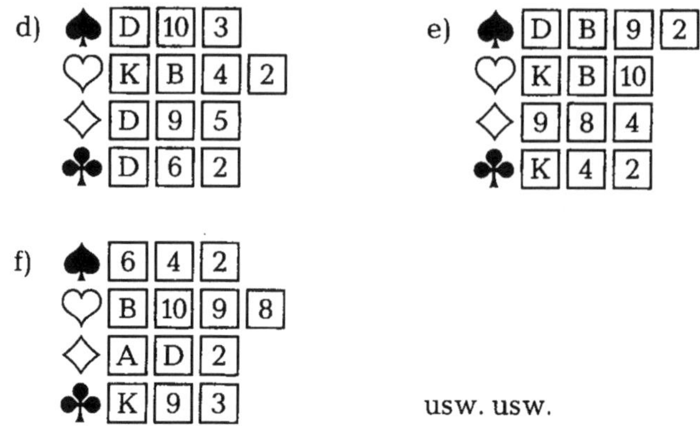

usw. usw.

den 1-SA-Eröffner Süd mit 2 ♣ nach der Oberfarbe fragt und dann, falls Süd in den Fällen d) und f) mit 2 ♡, im Fall e) mit 2 ♠ antwortet, in 4♡ bzw. 4 ♠ springt. Das ist grundverkehrt. Man hat hier zwar einen 4-4-Fit entdeckt, aber die Nordhand hat keine Kürze, sondern eine 4-3-3-3-Verteilung, so daß der Farbkontrakt keinerlei Vorteile bringt wie in den Fällen a) bis c), wo der Dummy den einen oder anderen Extrastich durch Schnapper in den kurzen Farben erzielen konnte. Mit den Händen d) bis f) lautet Nords Antwort auf Süds 1 SA daher: 3 SA, denn

HAST DU GENAU 4-3-3-3,
IST STAYMAN NUTZLOS' SPIELEREI.

KAPITEL 12

Nach starkem Sprung bewahrst Du Ruh, denn es genügt e i n Känguruh:

Oft wähnt man sich mitten in Australien, wenn sich zwei Partner bei der Reizung wie die Känguruhs aufführen:

NORD	SÜD		NORD	SÜD
1♠	3♢	oder	1♠	3♢
4♡	6♠		4♠	Pass

Der erste Sprung auf 3♢ zeigt in wohl allen Bietsystemen eine starke Hand, die den Partner nach dessen Eröffnung in jedem Fall auf das Volle Spiel forciert. Klein-Schlemm ist bei solchen Reizungsauftakten oft möglich. Wenn nun der Eröffner seinerseits springt, nimmt er sich und seinem Partner eine ganze Bietstufe weg, auf der man sich Genaueres über die Hand hätte erzählen können. Die Folge sind sehr oft „ins Blaue" angesagte Schlemms, die einmal fallen, oder verpaßte Klein- oder Groß-Schlemms. Mit mehr Informationen über die Partnerhände sind beide Mißgeschicke möglicherweise zu vermeiden. Man muß sich als Eröffner nach Partners Sprung einfach sagen: ich brauche keine Angst zu haben, daß der Partner womöglich vor Erreichen des Vollen Spiels passen könnte, und werde deshalb langsam reizen, um möglichst viel von seiner Hand zu erfahren und ihm möglichst viel über meine Hand erzählen zu können, denn

NACH STARKEM SPRUNG BEWAHRST DU RUH',
SCHLIESSLICH GENÜGT **EIN** KÄNGURUH.

KAPITEL 12 a

Mit schwachen Händen: sprunghaft reizen! Sind beide stark, mit Bietraum geizen!

Dagegen ist eine Känguruh-Reizung mit beiderseits *schwachen* Händen gelegentlich durchaus sinnvoll:

OST	SÜD	WEST	NORD
1 ♣	2 ◇	3 ◇	5 ◇

Süd zeigt mit einem (vereinbarungsgemäß) schwachen Sprung eine lange Karo ohne nennenswerte Verteidigungsstiche. West zeigt mit dem Überruf von 3 ◇ eine starke Hand und sucht nach dem besten Fit. Um die Verständigung zwischen Ost und West zu erschweren, wird der kalte Krieger Nord mit einer schwachen Hand in fünf oder gar sechs Karo springen.

Prosaisch ausgedrückt lautet das Prinzip: um die Verständigung der starken Gegner zu erschweren, nehmen wir ihnen soviel Bietraum weg, wie es nur irgendwie vertretbar ist. Um die eigene Verständigung so umfassend und genau wie möglich herbeizuführen, nutzen wir dagegen den Bietraum restlos aus:

MIT SCHWACHEN HÄNDEN: SPRUNGHAFT REIZEN!
SIND BEIDE STARK: MIT BIETRAUM GEIZEN!

KAPITEL 14

In Gegners Schlemm sollst Du bedenken: Dein Kontra kann das Ausspiel lenken.

Dieses Kapitel gehört eigentlich zur Hälfte hier ins Intermezzo, zur anderen Hälfte in Teil II „Gegenspiel".

Wir sitzen mit dieser Hand:

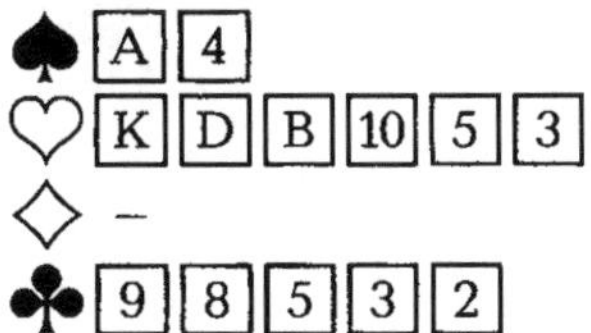

auf Ost und die Reizung verlief bisher wie folgt:

OST	SÜD	WEST	NORD
1 ♡	X	–	2 ♡
–	2 ♠	–	4 ♠
–	6 ♠	–	–

Bevor wir etwas sagen, überlegen wir: West hat das Ausspiel gegen 6 Pik von Süd und wird natürlich Coeur ausspielen, das wir gereizt haben. Mit Coeur-Ausspiel, das können wir sehen, wird aber der Kontrakt allerwahrscheinlichst erfüllt. Mit Karo-Ausspiel, das sehen wir auch, geht der Kontrakt 100%ig einmal down, weil wir schon den ersten Karostich schnappen können und mit dem Trumpf-As noch einen sicheren zweiten Stich machen. Wie aber können wir unserem Partner dringend nahelegen, nicht Coeur, sondern Karo auszuspielen? Statt hier nun in stummer Verzweiflung den Kopf zu schütteln oder mit einer Bemerkung wie „Ach, du meine Güte" zu passen und anschließend rhythmisch zu hüsteln, was strengstens verboten und – unnötig ist, geben wir hier ohne jede besondere Betonung Kontra, und das heißt im Klartext:

„Partner, bitte spiel *nicht normal,* also *nicht* die von mir gereizte Coeurfarbe aus, sondern finde, bitte sehr, ein *ungewöhnliches* Ausspiel!"

West wird nach diesem **LIGHTNER-KONTRA** (Fachausdruck) seine Hand durchforschen und in diesem Fall von seiner *längsten* Farbe ausspielen, und das ist mit ziemlicher Sicherheit Karo. Das Kontra auf Klein- oder Groß-Schlemm der Gegner sollte *immer* die Funktion des konventionellen **Ausspielkontras** haben und besagt, um dies noch einmal zu wiederholen: Partner, finde ein ungewöhnliches Ausspiel und spiele auf keinen Fall die von mir gereizte Farbe aus. (Die würde der Partner ohne das Kontra ausspielen).

Auch nach dieser Reizung:

NORD	OST	SÜD	WEST
1 ♠	–	2 ♡	–
4 ♡	–	4 SA	–
5 ♢	X	6 ♡	–
–	X	–	–
–			

mit folgender Osthand

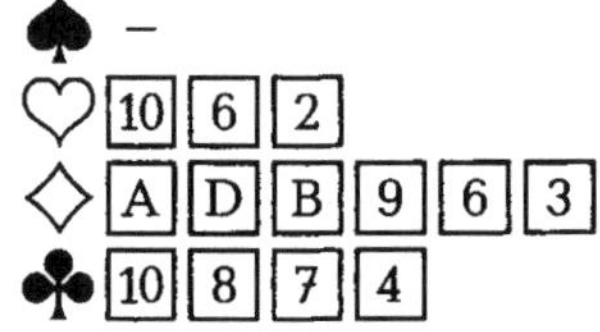

ist Osts zweites Kontra, das auf 6 ♡, ein **LIGTHNER-KONTRA** und bedeutet: Partner, mit meinem ersten Kontra hatte ich Dir erzählt, daß ich Karo habe und falls der Kontrakt auf 5 Coeur stehengeblieben wäre, hättest Du Karo ausspielen sollen. Nun aber, nachdem der Gegner trotz meinem 5-Karo-Kontra auf Sechs Coeur marschiert ist, spiele bitte *nicht* Karo, sondern finde ein *ungewöhnliches* Ausspiel. In diesem Fall ist Dein ungewöhnliches Ausspiel die erstgereizte Farbe des Tisches, und das ist, bitte sehr, Pik! Mit einem Pik-Schnapper und Karo As hoffe ich, den Kontrakt zu schlagen. (Ohne Osts zweites Kontra muß West Karo ausspielen).

Also nicht vergessen:

IN GEGNERS SCHLEMM SOLLST DU BEDENKEN:
DEIN **KONTRA** KANN DAS AUSSPIEL LENKEN.

KAPITEL 15

Mußt nicht so oft nach Assen fragen, wenn's besser ist, sie anzusagen.

Eine der am häufigsten mißbrauchten Konventionen ist die Asfrage mit 4 SA oder 4 ♣. Sie gilt allgemein als Konvention zum Erreichen von Schlemms und ist, sinnvoll angewandt, im Grunde genommen genau das Gegenteil: eine Konvention, mit deren Hilfe man aus dem Schlemm draußenbleibt, weil der Gegner zwei Asse abziehen könnte, bevor wir unsere zwölf Stiche kassieren können. Die Blackwood- oder Gerber-Asfrage sollte man nur dann anwenden, wenn man auf Grund der vorangegangenen Reizung sicher ist, zwölf oder dreizehn Stiche zu machen und, wie gesagt, lediglich befürchten muß, der Gegner könne vorher zwei Stiche oder einen Stich abziehen.

Eine typische Hand für eine sinnvolle 4-SA-Asfrage wäre diese:

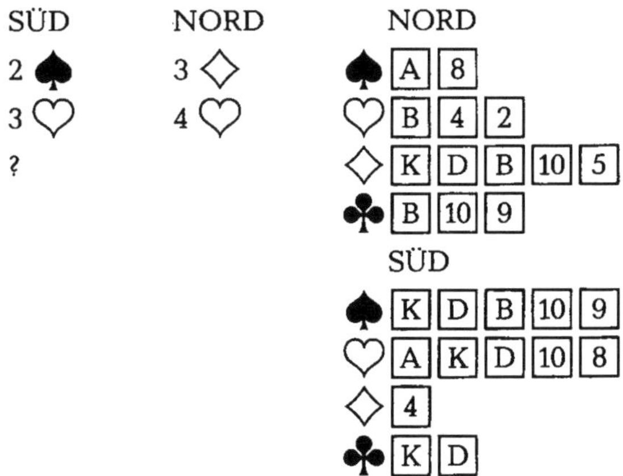

Süd sagt sich: mit Nords positiver Reizung (ab acht Punkte) und späterer Hebung auf Vier Coeur bin ich sicher, daß wir genügend

Material haben, um im Coeurkontrakt zwölf oder dreizehn Stiche zu machen. Die einzige Frage, die mich bewegt: wieviele Asse haben die Gegner?. Haben sie zwei (unwahrscheinlich aber möglich), müssen wir leider auf 5 Coeur stehenbleiben. Haben sie eins – ganz egal welches –, ist unser Kontrakt Sechs Coeur. Haben sie keins, spielen wir 7 SA. Mit Blackwood haben wir in diesem Fall eigentlich gar nicht nach Partners Assen, sondern nach den Assen der Gegner gefragt. Hier war also einzig und allein die Anzahl der fehlenden Asse ausschlaggebend für den richtigen Kontrakt von Fünf Coeur.

In einer Hand wie dieser

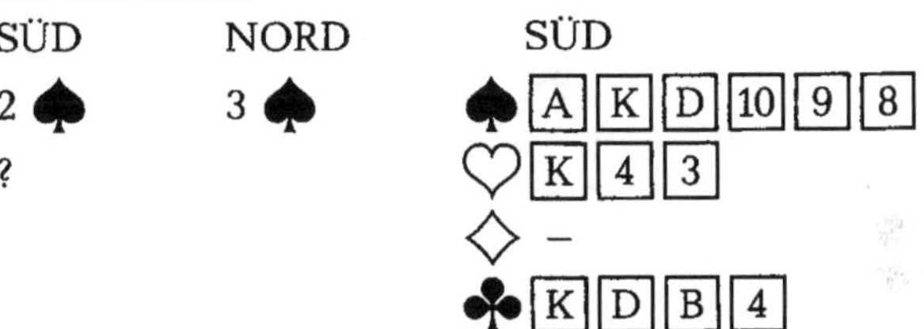

nützt uns dagegen die Asfrage 4 SA überhaupt nichts, wenn wir beispielsweise als Antwort von Nord 5 ♢ = 1 As bekommen:

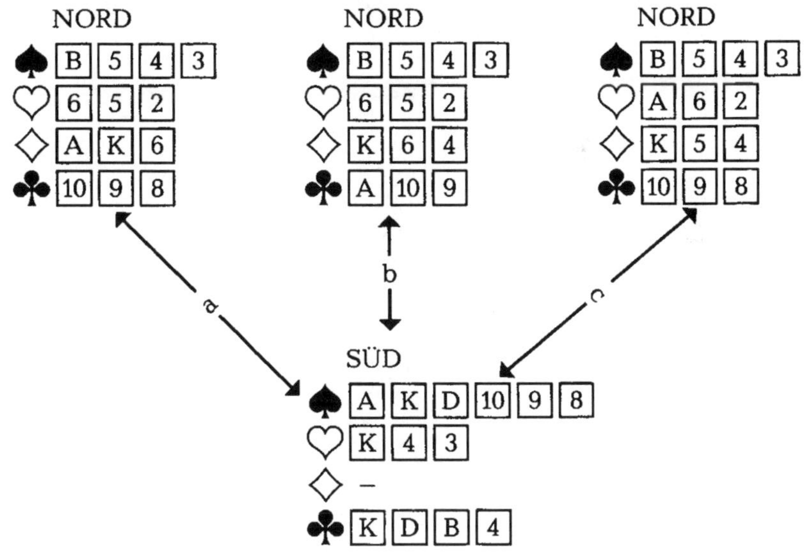

Im Fall a) gehen bereits 5 Pik down, wenn Ost mit Treff As zu Stich kommt und das Coeur As bei West steht, im Fall b) gehen nur 5 Pik, wenn das Coeur As bei West steht, und im Fall c) gehen 6 Pik.

Auch mit der Antwort 5 ♡ = 2 Asse kann Süd nicht viel Vernünftiges anfangen:

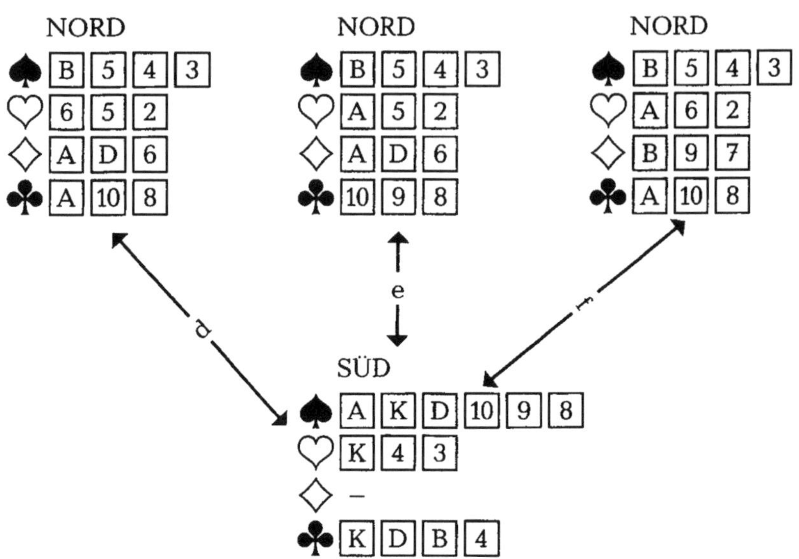

Im Fall d) fallen 6 Pik, falls Coeur As bei West steht, im Fall e) gehen 6 Pik, im Fall f) gehen gar 7 Pik.

Man sieht an diesen sechs Beispielen, daß die *Anzahl* der Asse für Süd herzlich wenig hergibt, um den richtigen Kontrakt zu erreichen.

Mit Händen wie diesen bekommt man das Problem: Schlemm oder Nicht-Schlemm, bzw. Klein- oder Groß-Schlemm viel besser in den Griff, wenn man, statt nach der *Zahl* der Asse zu *fragen*, sich gegenseitig die Qualität, also die *Farbe* der Asse, Erst- und Zweitrundenkontrollen mitteilt. Der Fachausdruck für diese gegenseitigen Mitteilungen lautet **CUE BIDS.** (**CUE** steht im Lexikon mit den deutschen Bedeutungen: Stichwort, Hinweis, Wink.)

Und das geht so: nach der Reizung

SÜD	NORD
2 ♠	3 ♠

steht fest, daß der Endkontrakt auf irgendeiner Höhe in Pik gespielt werden wird. Falls Süd kein Interesse am Schlemm hat, sagt er schlicht Vier Pik. Hat er aber Interesse, die Schlemmöglichkeiten dieser Hand auszuloten, gibt er mit einem ersten Cue Bid das Stichwort dazu. Cue Bid bedeutet: man reizt *die Farbe* seiner als nächstes erreichbaren Erstrundenkontrolle (As oder Chicane). Wenn derjenige, der ein Cue Bid abgibt, dabei eine Farbe übergeht, also wenn beispielsweise Süd hier das Cue Bid 4 Karo (Karo Chicane) abgibt, hat das doppelte Aussagekraft:

1) Partner, ich habe Karo-Erstrundenkontrolle

2) Partner, ich habe die Treff-Farbe übergangen, ich habe *keine* Treff-Erstrundenkontrolle.

Auf das Stichwort: Schlemmuntersuchung! antwortet der Partner in derselben Weise, indem er seinerseits die als nächstes erreichbare Erstrundenkontrolle reizt. Wenn die Erstrundenkontrollen, also Asse und Chicanes, miteinander durchgehechelt sind, kommen die Zweitrundenkontrollen (Könige oder Singletons) dran, wobei nach demselben Schema verfahren wird. Wenn im Verlauf einer Cue-Bid-Folge einer der beiden Partner auf die Trumpf-Farbe zurückgeht, bedeutet das immer, daß er (im Augenblick) nichts mehr sagen kann oder will. Wenn Süd zunächst bei den Erstrundenkontrollen die Treff-Farbe übergeht (= keine Erstrundenkontrolle) und später 5 Treff reizt, heißt das: ich habe zwar nicht das Treff-As oder Treff-Chicane, aber ich habe den Treff König oder ein Treff Singleton.

Und nun wollen wir die sechs Hände a) bis f) miteinander unter Anwendung von Cue Bids reizen, mal sehen, was dabei herauskommt:

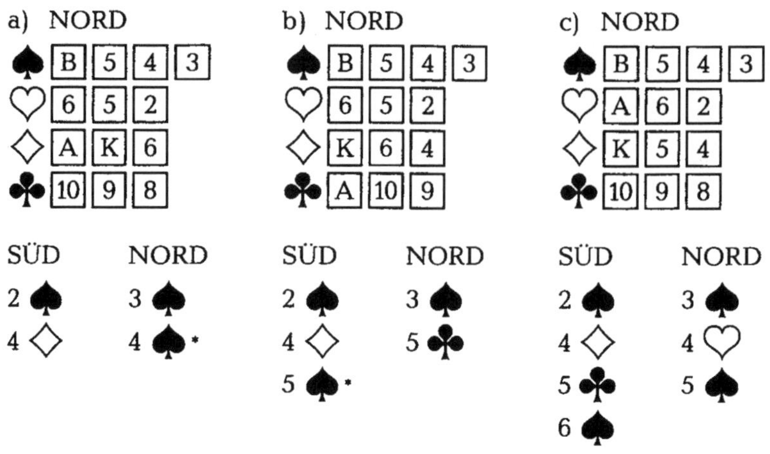

*) Nord weiß, daß Süd Karo Chicane hat und sein Karo As, König deshalb eine reine Wertverdoppelung darstellen.

*) Süd weiß, daß Nord *nicht* das Coeur As hat. Deshalb bricht er den Schlemm-Versuch ab.

Coeur As ist alles, was Süd für 6 Pik braucht.

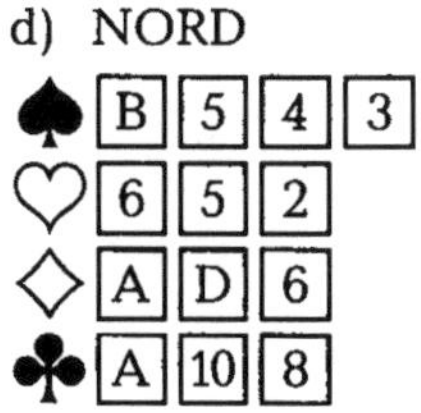

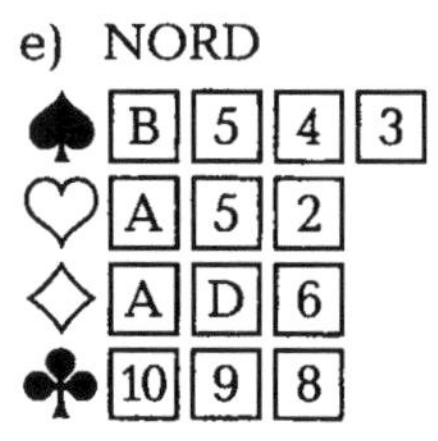

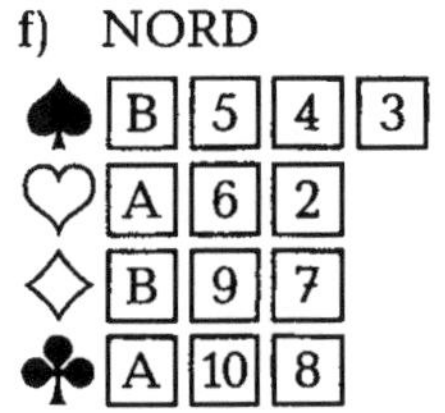

SÜD	NORD	SÜD	NORD	SÜD	NORD
2♠	3♠	2♠	3♠	2♠	3♠
4♢	5♣	4♢	4♡	4♢	4♡
5♠		5♣	5♠*	5♣	6♣
		6♠		7♠	
Nord verneint das Coeur-As.		Nord verneint das Treff As. *) Sein Karo As verschweigt Nord aus derselben Überlegung wie bei Beispiel a).		Nord hat Coeur As *und* Treff As gezeigt.	

In allen sechs Fällen hat Süd, mit Hilfe der Cue Bids von Nord und Süd, genau den richtigen Kontrakt erreicht. Mit Blackwood-4-SA- oder Gerber-4♣-Frage dagegen hätte Süd in allen sechs Fällen „geschwommen", so daß ihm und Nord einige Male die Felle davongeschwommen wären.

Wenn man sich vor dem nächsten Turnier oder Rubber-Abend mit seinem Partner darauf einigt, auf CUE Bids umzusteigen, fällt für Farbkontrakte natürlich – endlich! – die 4♣-Asfrage weg. Dann kann man nur noch mit 4 SA nach den Assen fragen, weil das Gebot von 4♣ eine andere Bedeutung bekommen hat und mit dieser Bedeutung wesentlich besser verwendbar ist.

Und das sollte mindestens 97% der Leser davon überzeugen, daß sie spätestens heute die CUE BIDS in ihr Repertoire aufnehmen sollten, denn

MUSST NICHT SO OFT NACH ASSEN **FRAGEN,**
WENN'S BESSER IST, SIE **ANZUSAGEN.**

TEIL II

Gegenspiel

KAPITEL 16

König, Dame, Zehn
kann leicht in's Auge geh'n.

Dame, Bube, Klein:
das laß mal lieber sein!

Dame, Bube, Neun
sollte man auch noch scheu'n.

Dame, Bube, Zehn
läßt sich schon eher seh'n!

(Ausspiel allgemein)

Der Ausgang eines sehr großen Teils aller Bridgehände wird durch das erste Ausspiel entscheidend beeinflußt. Wir dürfen/müssen gegen einen Kontrakt der Gegner ausspielen. Unser Partner hat leider schon wieder nicht gereizt, sonst wüßten wir ja, welche Farbe wir ausspielen. Bevor wir uns für das Ausspiel einer Farbe entscheiden, sollten wir uns die drei höchsten Karten dieser Farbe ansehen und mit Hilfe der Merkverse überlegen, ob der Angriff der höchsten Karte dieser Farbe nicht vielleicht dem Gegner einen Stich schenken könnte.

Wenn wir keinen besseren (oder dringenderen) Angriff machen können, ist der Angriff von

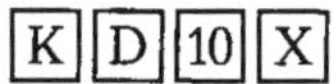

in Betracht zu ziehen. Das ist ein aggressives Ausspiel, das uns voraussichtlich einen, möglicherweise auch zwei oder drei Stiche in dieser Farbe bescheren wird. Wenn wir der Auffassung sind, daß nach der Reizung Eile nottut und wir keine Zeit zu verschenken haben (vgl. Kap. 19), dann werden wir mit dem König dieser Farbe angreifen. Aber wir sollten dabei bedenken, daß hier eine Gefahr in Gestalt des Buben lauert. Wenn der nämlich zu dritt oder länger am Tisch erscheint

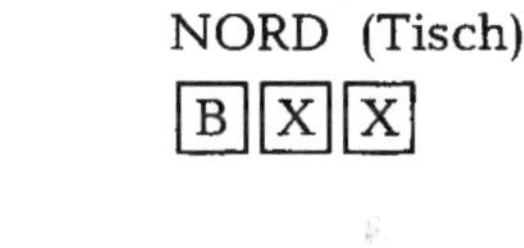

und der Alleinspieler das As dieser Farbe besitzt, dann haben wir mit dem Ausspiel des Königs der Gegenseite einen Stich geschenkt, den sie ohne unsere Hilfe nie hätte machen können: der Alleinspieler nimmt den König mit dem As in der Hand und *expassiert* später gegen unsere Dame zu B x des Tisches. Er wird uns in diesem Fall dankbar für das Ausspiel sein, und nichts ist frustrierender als ein dankbarer Alleinspieler – zumindest für die Gegenseite.

Wenn wir nicht in Zeitnot sind und dem Alleinspieler unter keinen Umständen einen Stich schenken wollen, dann sollten wir von diesem Angriff Abstand nehmen, denn

[K] – [D] – [10]

KANN LEICHT IN'S AUGE GEH'N.

Eine ähnliche, aber weitaus größere Gefahr lauert, wenn wir von

[D][B][X][X]

ausspielen – das haben wir alle leider schon erlebt. Kaum haben wir die Dame ausgespielt, legt der Dummy mit süffisantem Lächeln – er ist ja auch nur ein Mensch – K 10 x oder K 9 x auf den Tisch, und der Alleinspieler, der im ersten Fall natürlich das As und im zweiten Fall selbstverständlich A 10 x hat, verliert in dieser Farbe keinen Stich, weil und *nur* weil wir die Dame ausgespielt haben. Deshalb gilt praktisch uneingeschränkt:

DAME, BUBE, KLEIN:
DAS LASS MAL LIEBER SEIN!

Ähnlich verhält es sich mit dem in manchen Lehr- oder Textbüchern als bedingt empfehlenswert eingestuften Ausspiel von D B 9 x. Die drohende Gefahr eines echten Stichverlustes ist zwar etwas geringer geworden, weil wir die Neun besitzen und die obige zweite Situation

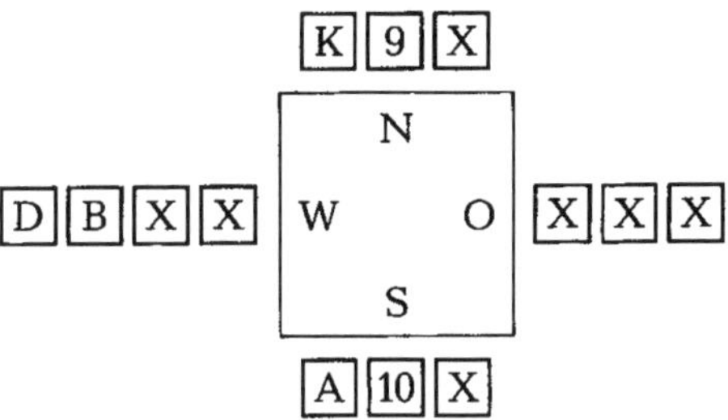

nicht eintreten kann. Doch immer dann, wenn der Tisch mit K 10 x oder A 10 x herunterkommt und der Alleinspieler die zweite Hochfigur hat

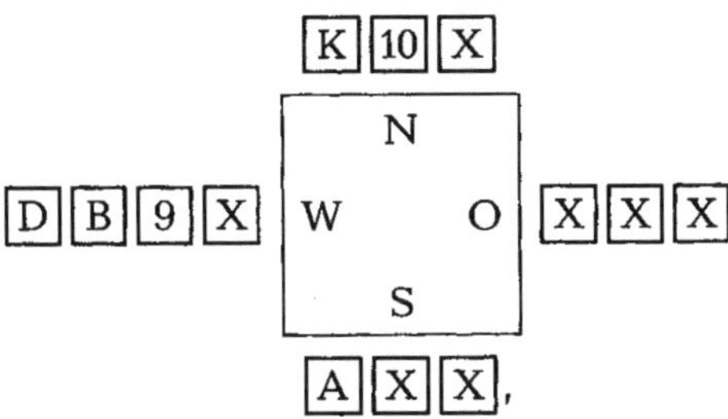

machen wir einen Stich weniger als alle diejenigen Westspieler, die sich vor dem Ausspiel gesagt haben:

DAME, BUBE, NEUN
SOLL ICH AUCH NOCH SCHEU'N.

Die letzte Strophe dieses Kapitels spricht für sich: wenn wir drei aneinanderhängende Honneurs (D B 10 oder K D B) haben, greifen wir selbstverständlich diese Farbe mit dem höchsten Honneur an. Dies ist der positive Beitrag zu dem Thema Ausspiel, denn die drei vorangegangenen Strophen haben uns eher gesagt, wann wir etwas *nicht* ausspielen sollen:

DAME, BUBE, ZEHN
LÄSST SICH SCHON EHER SEH'N.

KAPITEL 17a

Das Ausspiel von der Fünferlänge treibt den Gegner in die Enge.

(Ausspiel gegen SA)

Gegen 3 SA der Gegner greifen wir in aller Regel von unserer Fünferlänge an, wenn der Partner nicht gereizt hat. Halten wir beispielsweise

	nach der	REIZUNG	
♠ 6 5 4 3 2			
♡ A 3 2		SÜD	NORD
♢ A 2		1 SA	3 SA
♣ A 3 2			

so spielen wir frohen Mutes die Pik 3 aus. Selbst wenn Nord-Süd die Pikfarbe insgesamt dreimal stoppen, haben wir die berechtigte Hoffnung, den Kontrakt zu schlagen: wenn wir mit dem ersten unserer drei Asse wieder drankommen, folgt sogleich die zweite Pikrunde (Pik 2). Mit dem nächsten As bei Stich, spielen wir die dritte Runde in Pik. Jetzt sind unsere restlichen beiden Pikwinzlinge vermutlich zwei Riesen geworden, und wenn wir mit unserem dritten und letzten As zu Stich kommen, bevor der Gegner seine neun Stiche realisieren konnte, machen wir mit diesen beiden Riesen die Stiche Nr. 4 und 5.

Diese stark schematisierte Hand soll nur das Prinzip veranschaulichen, das unserem Angriff von der Fünferlänge zu Grunde liegt. In den seltensten Fällen werden wir auf West eine Fünferlänge *und* drei Asse haben, das ist ganz klar, sonst kämen die

3 SA-Kontrakte von Süd rasch aus der Mode. Wie man sieht, waren in diesem Fall, da die Fünferlänge selbst extrem schwach war (6 5 4 3 2), *drei* Entrees nötig. Wenn wir auf West nur zwei Entrees haben:

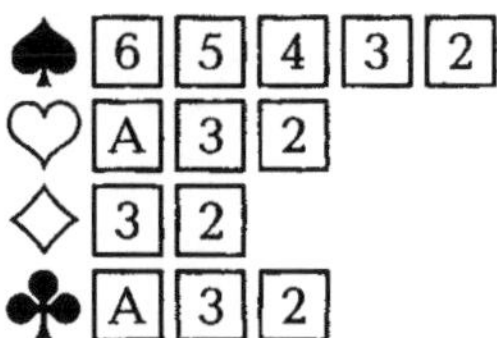

werden wir dennoch Pik ausspielen und hoffen, daß unsere Partnerin ein bißchen helfen kann, d. h. entweder einen Pikstich macht und Pik zurückspielt oder in einer anderen Farbe zu Stich kommt, solange sie noch Pik hat, um es sogleich zurückzuspielen. Halten wir dagegen nur noch ein Entree

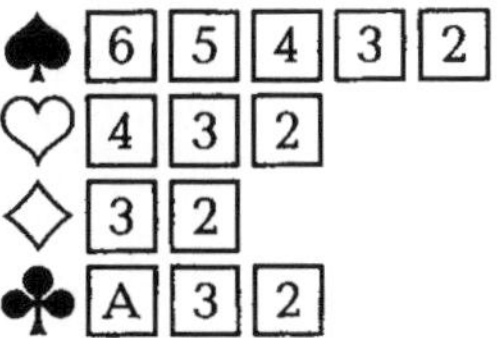

ist es schon sehr fraglich, ob wir Pik ausspielen sollen, denn jetzt haben wir eigentlich keine Hoffnung mehr, die Piks hochzuspielen *und* dann noch ausgerechnet mit dem Treff As dranzukommen, wenn es soweit ist. Wahrscheinlicher ist, daß der Alleinspieler schon vorher unser Treff As herausgetrieben hat, und dann war unser Pik Ausspiel für die Katz', denn selbst wenn die kleinen Pikkarten mit der aktiven Hilfe unserer braven Partnerin endlich hoch geworden sind, haben wir Null Möglichkeiten, sie zu Stichen umzumünzen.

Ist die Fünfer-Farbe selbst etwas stärker als in den bisherigen Beispielen, z.B.

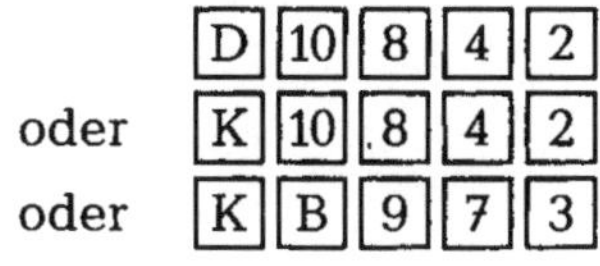

dann liegt ein Teil der benötigten Entrees möglicherweise in der Farbe selbst, weshalb wir entsprechend weniger Seiten-Entrees benötigen.

Halten wir

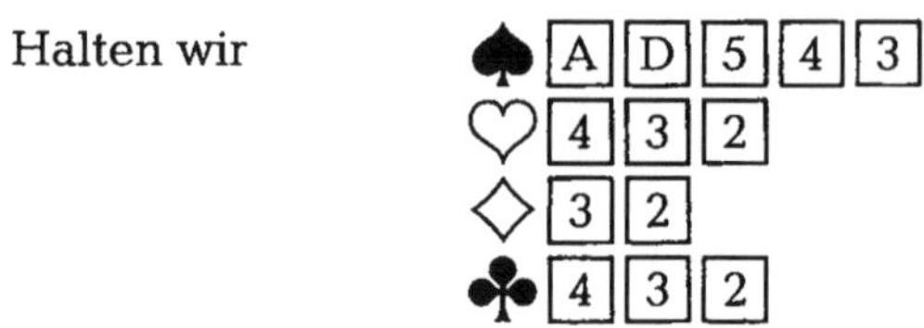

haben wir überhaupt kein Seiten-Entree mehr. Dennoch werden wir Pik 4 wie ein Wirbelwind ausspielen. Es sieht doch ganz so aus, als käme die Partnerin in einer der anderen Farben frühzeitig dran. Und wenn die Piks ursprünglich so verteilt waren:

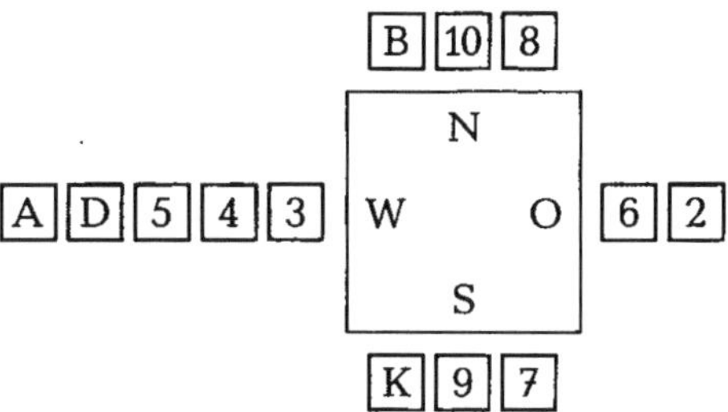

dann wird sie jetzt ihr zweites und letztes Pik zurückspielen, und schon machen wir: vier Pikstiche + Partnerins Stich = 1 Faller.

Von wenigen Ausnahmen abgesehen, werden wir deshalb immer beherzigen:

DAS AUSSPIEL VON DER FÜNFERLÄNGE
TREIBT DEN GEGNER IN DIE ENGE.

KAPITEL 17b

Fünf Karten mit As - Dame - Zehn: Wo mag da wohl der König steh'n?

Steht links er, mit der Dame starte, steht rechts er, spiel' 'ne kleine Karte.

(Ausspiel gegen SA)

In manchen älteren Bridgebüchern steht kommentarlos, man solle von

[A] [D] [10] [X] [X]

gegen 3 SA die Dame ausspielen. Das ist nur zum Teil richtig. Bevor wir ausspielen – *daß* wir diese Farbe ausspielen ist klar –, sollten wir uns kurz überlegen, in welcher gegnerischen Hand vermutlich der König steht. Darüber kann die Reizung Aufschluß geben. War die Reizung z.B. so:

SÜD	NORD		SÜD	NORD
2 SA*	3 SA	oder	1 SA*	2 SA
–			3 SA	

*) 20–22 Punkte

*) 16–18 Punkte

oder hat Süd gar mit 2 Treff eröffnet, dann besitzt Süd wesentlich mehr Punkte als Nord, und wir nehmen einfach an, der König stehe bei Süd. Dann könnte die Farbe so verteilt sein:

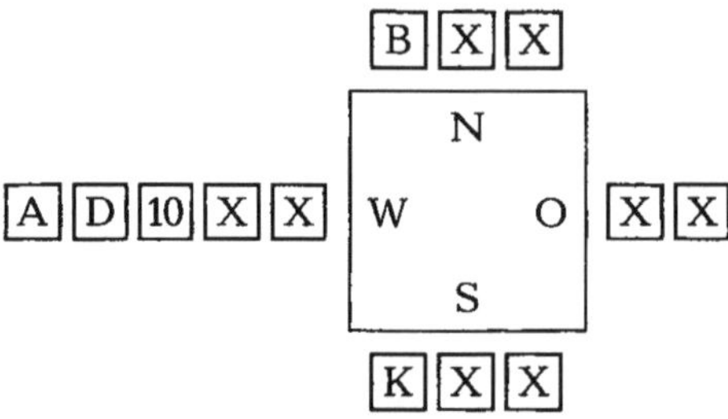

Jetzt wäre das Ausspiel der *Dame* eine mittlere Katastrophe, denn zunächst einmal nähme der Alleinspieler die Dame mit seinem König und später machte er noch einen zweiten Stich in dieser Farbe mit dem Buben des Tisches. Wenn wir also überzeugt sind, der König steht *rechts* von uns, greifen wir *klein* an. Der Alleinspieler kann zwar den ersten Stich mit dem Buben des Tisches gewinnen, doch wenn die Partnerin anschließend drankommt und ihre letzte Karte unserer Angriffsfarbe zurückspielt, ist der König des Alleinspielers unseren Restkarten A D 10 x schutzlos ausgeliefert.

Ergo: Steht *rechts* er, spiel' 'ne *kleine* Karte!

Rechts und *klein* kann man sich als weitere Gedächtnisstütze vielleicht mit der politischen Landschaft der Bundesrepublik in den 70er und frühen 80er Jahren merken, hoho!

Ging dagegen die Reizung so:

SÜD	NORD		SÜD	NORD
	1 ♢			2 ♣
1 SA	3 SA	oder	2 ♢	3 ♣
			3 SA	

dann wissen wir, daß bei Nord sehr viele, bei Süd dagegen recht wenige Punkte stehen. Jetzt nehmen wir an, der König stehe bei

Nord, also *links* von uns. Die Farbe könnte jetzt so verteilt sein:

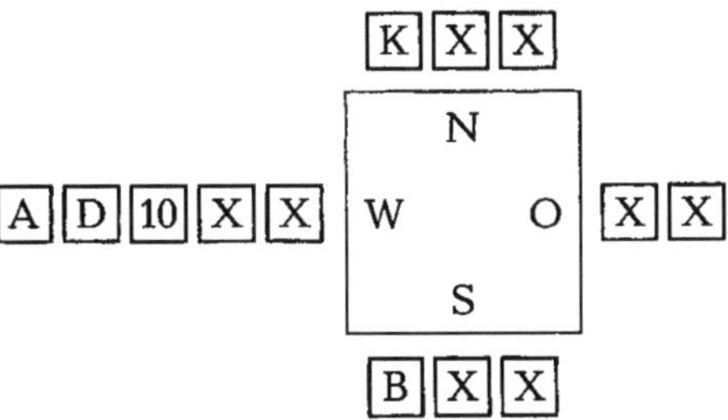

Falls wir jetzt *klein* ausspielen, „macht“ zunächst der Alleinspieler den Buben in seiner Hand und später den König am Tisch. Spielen wir aber hier die *Dame* aus, kann der Alleinspieler nur einen Stich machen. Entweder deckt er die Dame mit dem König des Tisches und riskiert damit, den Kontrakt zu verlieren, falls unsere Partnerin frühzeitig drankommt und ihr zweites, tödliches x dieser Farbe durch den ungeschützten B x des Alleinspielers zu unseren A 10 x x spielt, oder aber er hält sich vornehm (und klug) zurück und läßt unsere Dame bei Stich, um die Verbindung zwischen uns und unserer Partnerin zu unterbrechen. In beiden Fällen gewinnt er aber, um dies zu wiederholen, nur einen einzigen Stich in dieser Farbe.

Um das ganze noch einmal poetisch zu wiederholen: wir spielen von A D 10 x x immer gegen 3 SA aus, aber wir *müssen* uns vorher überlegen:

FÜNF KARTEN MIT A-D-10:
WO MAG DA WOHL DER KÖNIG STEH'N?

STEHT **LINKS** ER, MIT DER **DAME** STARTE,
STEHT **RECHTS** ER, SPIEL' 'NE **KLEINE** KARTE!

KAPITEL 17c

Hast Du keine müde Mark, ist Fünferlängen-Ausspiel Quark!

(Ausspiel gegen SA)

Wie wir auf den letzten Seiten gesehen haben, greifen wir gegen 3 SA der Gegner so gut wie immer von unserer Fünferlänge an. Jedenfalls immer dann, wenn es einen Sinn hat. So gut wie keinen Sinn* hat es mit einer Hand wie dieser:

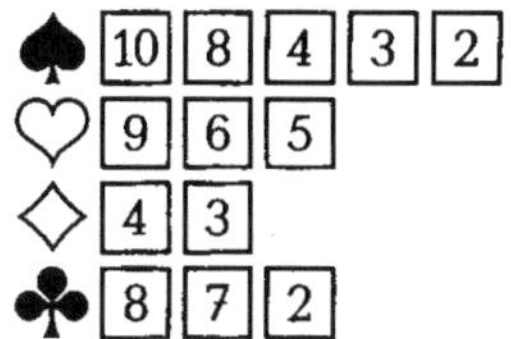

Wenn wir hier Pik ausspielen, dokumentieren wir sehr deutlich, daß wir Bridge spielen, ohne zu denken. Wir dürfen es unserer Partnerin nicht verübeln, wenn sie sich spätestens auf unser Pikausspiel hin schleunigst nach einem neuen Partner umsieht. Wir *wissen* doch, daß unsere Hand absolut wertlos ist, denn selbst, wenn mit der aktiven Hilfe unserer Partnerin die kleinen Pikkarten eines Tages „hoch" werden sollten, gibt es nicht die geringste Möglichkeit, sie in Stiche zu verwandeln, denn wir kommen nie

*) Ursprünglich stand im Manuskript: Keinen Sinn... Herr Matthias Thomae, der das Manuskript freundlicherweise durchgesehen hat, bevor es in Druck ging, meinte dazu: das Pikausspiel könnte den Sinn haben, den Alleinspieler unter psychologischen Druck zu setzen, weil er Angst vor Pikverluststichen bekommen könnte.

wieder zu Stich. Die Partnerin wird durch unser närrisches Pikausspiel nur veranlaßt, jedesmal, wenn sie drankommt, und sie kommt vermutlich ein paarmal dran, Pik zu spielen, statt möglicherweise ihre eigene Farbe hochzuspielen zu versuchen.

Nein, verehrter Leser, wenn wir so bettelarm sind, dann ist der einzige positive Beitrag, den wir leisten können, ein gutes Ausspiel, das der *Partnerin* in ihrem Bemühen hilft, den Kontrakt zu schlagen.

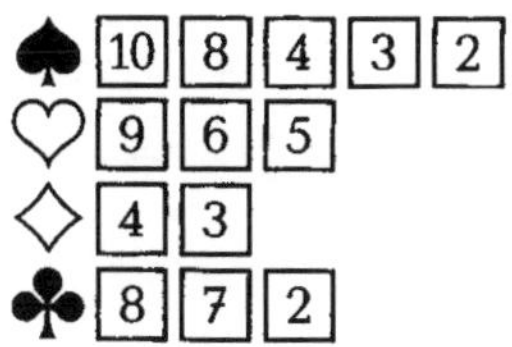

greift die überwiegende Mehrheit der Experten Coeur oder Treff an. Früher war es einmal üblich, vom Double Karo auszuspielen. Das *wäre* ein feiner Angriff, wenn die Partnerin in dieser Farbe eine Fünferlänge hätte. Die Verteilungswahrscheinlichkeit spricht aber eher dafür, daß unsere Partnerin nur vier Karokarten besitzt, ja, und dann hat einer der beiden Gegner ebenfalls mindestens vier Karos. In diesem wesentlich häufigeren Fall hilft unser Karoangriff eher dem Gegner als der Partnerin. Welcher Angriff mit der traurigen Hand da oben letztlich besser ist – Coeur oder Treff – ist weitgehend Glücksache. Falls der Gegner keinen Stayman-Versuch unternommen hat, sollten wir Coeur ausspielen. Hat aber Nord mit 2 Treff nach Süds Oberfarben gefragt, scheint Treff der bessere Angriff zu sein. Eines aber wissen wir mit Sicherheit:

HAST DU KEINE MÜDE MARK,
IST FÜNFERLÄNGEN-AUSSPIEL QUARK!

KAPITEL 18

Das Spiel vom vierten leeren König
kostet Zeit und bringt nur wenig.

Auch von der Dame, leer, zu viert
meist nur der Gegner profitiert.

(Dame, Zehn, zu viert, dagegen
ist schon eher zu erwägen).

Doch das größte aller Übel
ist das Spiel vom vierten Bübel!

(Ausspiel gegen SA)

Im vorigen Kapitel haben wir gesehen, daß wir gegen SA-Kontrakte so gut wie immer von unserer Fünferlänge ausspielen. Nun hat man leider nicht immer eine Fünferlänge und oft müssen wir von einer Hand ausspielen, die nur eine, zwei oder gar drei Viererlängen enthält. Hier wird das Ausspiel häufig wirklich zum *Müssen* im Gegensatz zum früher mehrfach erwähnten *Dürfen*. Der Partner hat, wie so oft, nicht gereizt und der Gegner hat uns mit der

Reizung

SÜD	NORD		SÜD	NORD
1 SA	3 SA	oder	1 SA	2 SA
			3 SA	

auch nicht gerade mit Informationen überfüttert. Die einzigen Informationen, das sei am Rande vermerkt, bestehen in der ungefähren Punktzahl der beiden Gegnerhände, im ungefähren Verteilungstyp der Südhand und in der Tatsache, daß Nord keinen Stayman-Versuch unternommen hat.

Nach solchen leider sehr häufigen Reizungen müssen wir von der Westhand ziemlich ins Ungewisse, Unbekannte angreifen. Wenn unsere Viererlänge etwa dieses Aussehen hat:

[K][D][B][X] oder [D][B][10][X] oder [B][10][9][X],

werden wir selbstverständlich jeweils die höchste dieser Farbe ausspielen. Allen drei Beispielen ist ein entscheidendes Merkmal gemeinsam: an der Spitze der Farbe stehen drei zusammenhängende Karten (= geschlossene Sequenzen).

Leider besitzt man nicht immer solche bequemen Angriffsfarben. Wenn an der Spitze unserer Vierefarbe nur zwei Figuren stehen, zum Beispiel

[K][D][X][X] oder [D][B][X][X] oder [B][10][X][X]

ist das Ausspiel der höchsten Karte äußerst gefährlich (vgl. Kapitel 16) und deshalb nicht empfehlenswert. Zu oft verschenken wir damit einen wertvollen Stich, den der Alleinspieler ohne diesen Angriff nicht hätte machen können, wir erinnern uns:

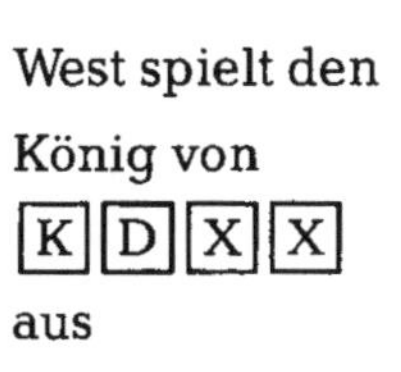

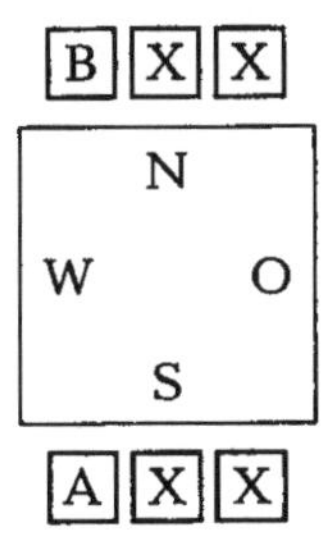

Alleinspieler nimmt in der Hand mit dem As und *expassiert* später durch Wests Dame zum B des Tisches.

oder

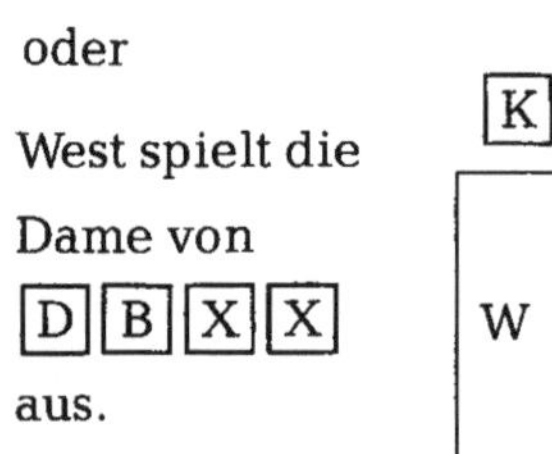

West spielt die Dame von D B X X aus.

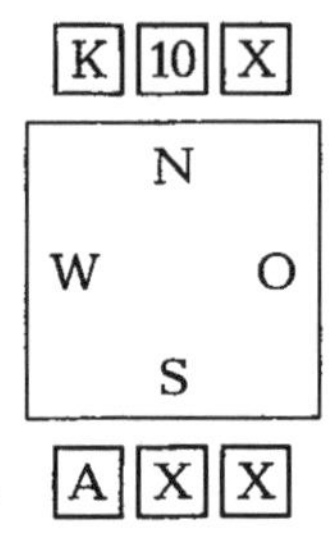

Alleinspieler nimmt in der Hand mit dem As und *impassiert* später durch Wests Buben zu A 10 des Tisches.

Hinzu kommt noch die dritte Möglichkeit:

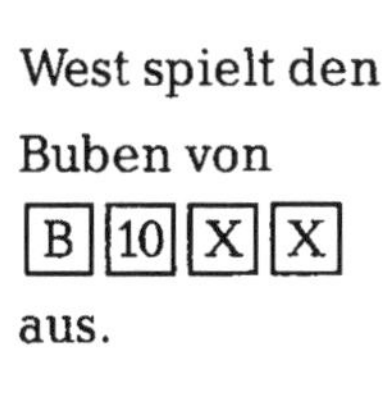

West spielt den Buben von B 10 X X aus.

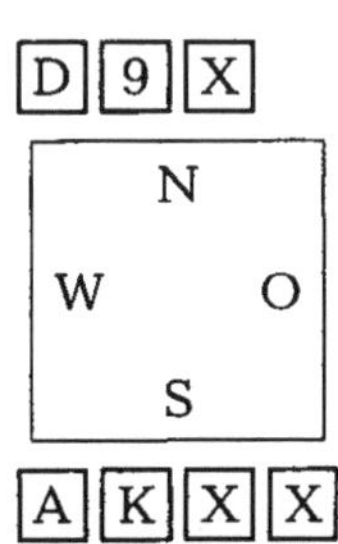

Alleinspieler nimmt in der Hand mit dem König und *impassiert* sofort durch Wests 10 x x zu D 9 des Tisches.

Falls wir unbedingt von einer der drei gezeigten Viererfarben angreifen wollen oder müssen, weil alle anderen Angriffe noch schlechter wären, ist es darum besser, *klein* anzugreifen. Das zeigt dem Alleinspieler wenigstens nicht so überdeutlich, wo die hohen Karten dieser Farbe stehen, wie wenn wir gleich die höchste Farbe auf den Tisch legen.

Wirklich schlimm wird es aber, wenn unsere Viererfarbe dieses Aussehen hat:

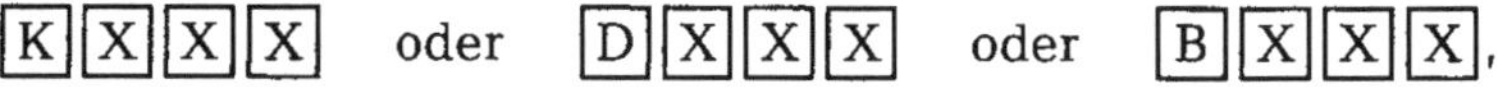

also eine „leere" vierte Figur enthält. Das sind die drei Fälle, auf die die Merkstrophen dieses Kapitels gedichtet wurden. Der Angriff von einer dieser Viererfarben ist

DURCHAUS NICHT EMPFEHLENSWERT.

Vom vierten leeren König anzugreifen, mag zwar keinen Stich

kosten, aber er kostet auf jeden Fall *Zeit* und bringt in den seltensten Fällen irgend etwas, z.B.

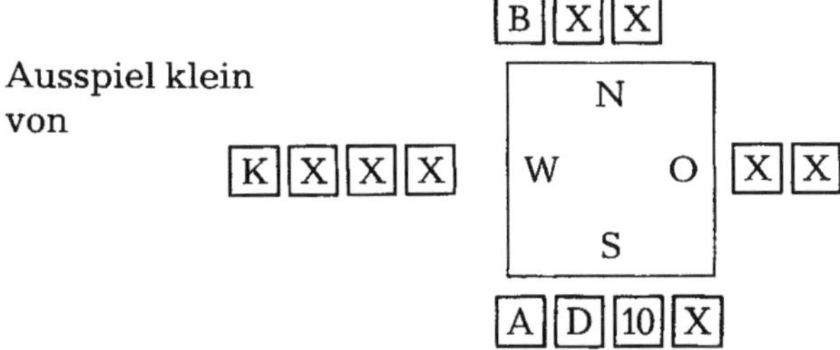

Wir haben mit dem Ausspiel zwar keinen Stich verschenkt, denn irgendwann werden wir den König schon noch machen. Aber den hätten wir auch ohne unseren Angriff gemacht, und zwar vermutlich zu einem früheren Zeitpunkt, wo es vielleicht wichtig gewesen wäre, ihn als Entree für das Hochspielen einer anderen Farbe in Partners Hand zu benutzen. Wir haben also mit dem Angriff nichts gewonnen, aber Zeit verloren.

Schlecht, sehr schlecht, ist der Angriff von K x x x, wenn der Partner *eine* Figur in dieser Farbe hält, z.B.:

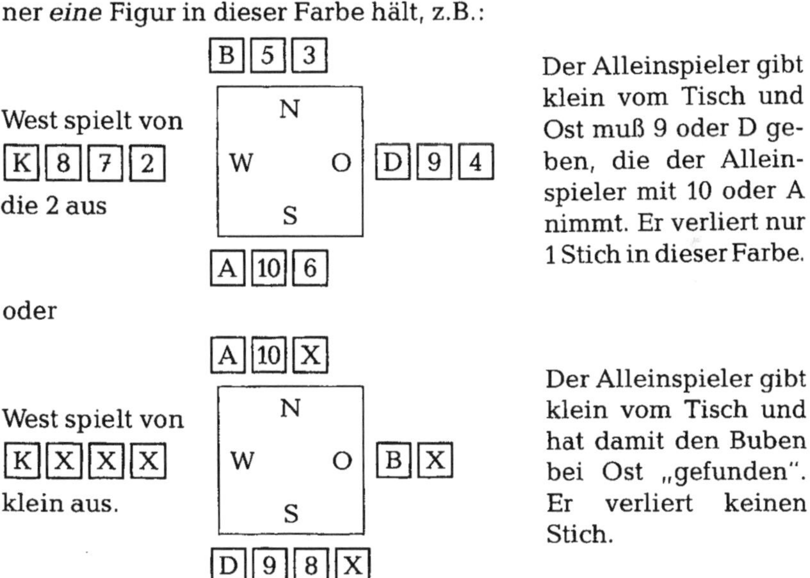

Der Alleinspieler gibt klein vom Tisch und Ost muß 9 oder D geben, die der Alleinspieler mit 10 oder A nimmt. Er verliert nur 1 Stich in dieser Farbe.

Der Alleinspieler gibt klein vom Tisch und hat damit den Buben bei Ost „gefunden". Er verliert keinen Stich.

In solchen recht häufigen Fällen erspart unser Angriff vom vierten leeren König dem Alleinspieler jedes Raten, wie er diese Farbe wohl am besten anzupacken hat, denn wir haben mit dem Ausspiel die Figur unseres Partners schonungslos herausgeholt. Hätten wir diese Farbe nicht angegriffen, dann hätte der Alleinspieler raten müssen und möglicherweise falsch geraten, so was gibt es nämlich auch.

Gut ist der Angriff von K x x x nur dann, wenn unser Partner *zwei* Figuren in dieser Farbe hat:

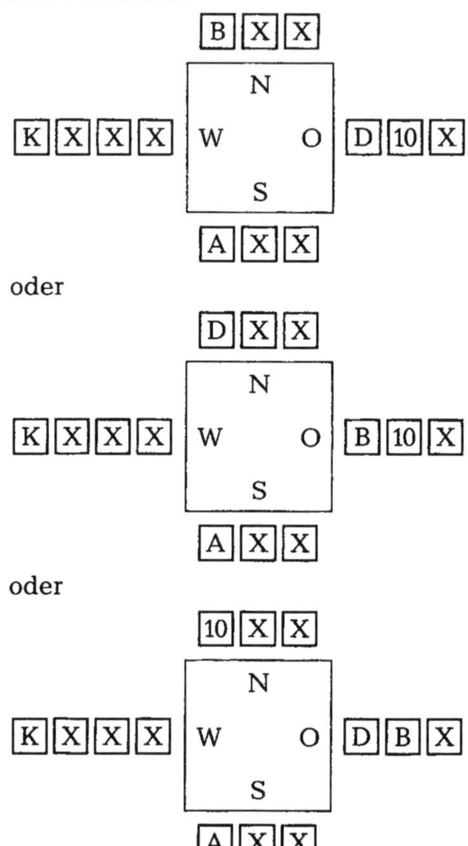

Die Fälle, in denen der Partner *zwei* Figuren hat, sind aber, wenn beide Gegner SA reizen, so selten, daß wir sie außer acht lassen müssen. Wir nehmen deshalb grundsätzlich Abstand von dem Ausspiel aus K x x x, denn:

DAS SPIEL VOM VIERTEN LEEREN KÖNIG
KOSTET ZEIT UND BRINGT NUR WENIG.

Haben wir mit dem Ausspiel von K x x x schon nichts gewonnen, so riskieren wir mit dem Ausspiel von D x x x häufig, etwas zu verlieren, nämlich einen Stich.

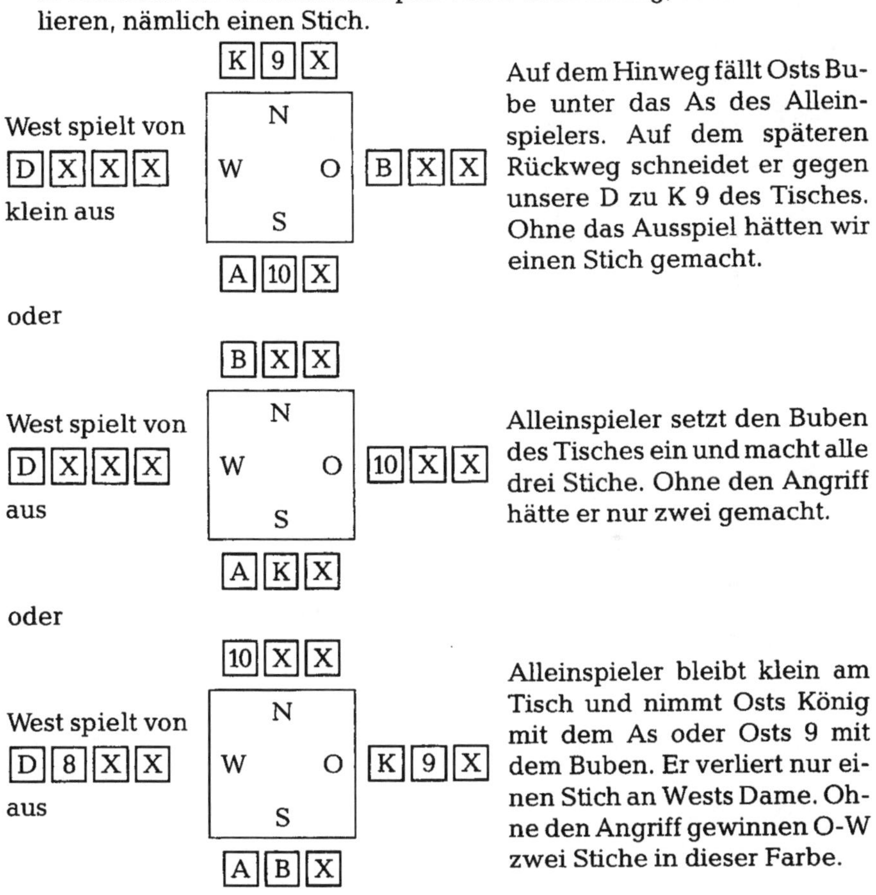

Auf dem Hinweg fällt Osts Bube unter das As des Alleinspielers. Auf dem späteren Rückweg schneidet er gegen unsere D zu K 9 des Tisches. Ohne das Ausspiel hätten wir einen Stich gemacht.

Alleinspieler setzt den Buben des Tisches ein und macht alle drei Stiche. Ohne den Angriff hätte er nur zwei gemacht.

Alleinspieler bleibt klein am Tisch und nimmt Osts König mit dem As oder Osts 9 mit dem Buben. Er verliert nur einen Stich an Wests Dame. Ohne den Angriff gewinnen O-W zwei Stiche in dieser Farbe.

In den vorangegangenen drei Fällen haben wir durch unser Ausspiel von D x x x dem Gegner einen Stich geschenkt, und das wollen wir doch gar nicht.

In den meisten anderen Fällen gilt ähnliches wie für den Angriff von K x x x. Man gewinnt nichts, verschenkt aber den wertvollen Zeitvorsprung und erspart dem Gegner womöglich falsches Raten:

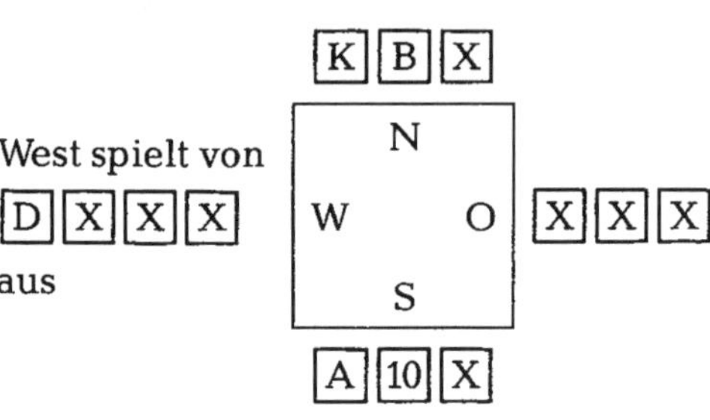

Der Alleinspieler kann die Dame *ohne* unseren Angriff auch bei Ost vermuten und falsch herum schneiden. *Mit* dem Angriff haben wir sie ihm gratis gefunden, und das wollen wir auch nicht.

Daher Finger weg von der vierten Dame, denn:

AUCH VON DER DAME, LEER, ZU VIERT
MEIST NUR DER GEGNER PROFITIERT.

„Wo bleibt das Positive?" könnte man mit Erich Kästner fragen, wenn man ständig nur liest, wann man was *nicht* ausspielen soll. Was also *soll* man ausspielen?

Nun, die geschlossene Dreiersequenz (K D B x, D B 10 x, B 10 9 x) hatten wir schon als empfehlenswerten Angriff besprochen. Hinzu kommt, mit gewissen Einschränkungen, das Ausspiel von D 10 x x, das man als bedingt empfehlenswert einstufen kann. Hier sind die Gefahren, einen Stich echt zu verschenken, geringer geworden, wenn auch nicht ganz verschwunden. Falls der Tisch B x x und der Alleinspieler A K x haben, wie in einem der obigen Diagramme gezeigt, verschenkt unser Angriff leider einen Stich, wenn der Bube des Tisches eingesetzt wird.

Hat aber unser Partner den Buben oder irgendeine andere Figur, dann ist das Ausspiel nicht schlecht:

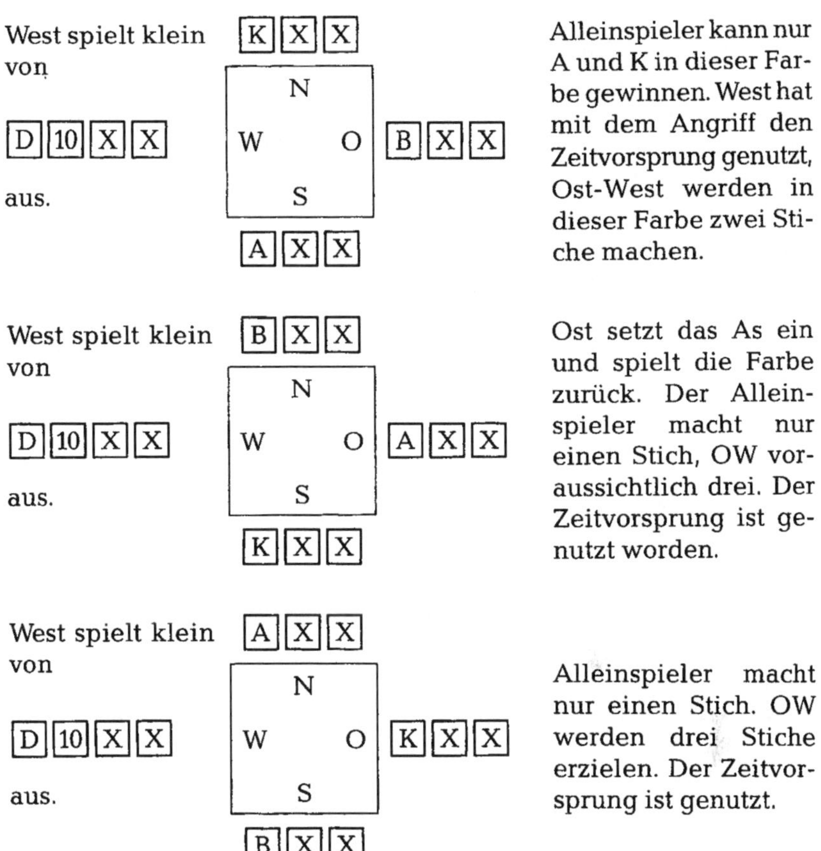

Alleinspieler kann nur A und K in dieser Farbe gewinnen. West hat mit dem Angriff den Zeitvorsprung genutzt, Ost-West werden in dieser Farbe zwei Stiche machen.

Ost setzt das As ein und spielt die Farbe zurück. Der Alleinspieler macht nur einen Stich, OW voraussichtlich drei. Der Zeitvorsprung ist genutzt worden.

Alleinspieler macht nur einen Stich. OW werden drei Stiche erzielen. Der Zeitvorsprung ist genutzt.

Deshalb:

DAME, ZEHN, ZU VIERT, DAGEGEN
IST SCHON EHER ZU ERWÄGEN.

Irgendwo im Grenzgebiet zwischen Arizona und New Mexico ist ein müdes, abgehetztes Bleichgesicht auf der Flucht vor den Apatschen. Sein Gewehr und die Munition dazu hat es verloren, und was die Sache besonders fatal macht, seine Verfolger sind Mescaleros, die blutrünstigsten und grausamsten aller Apatschen. Das Bleichgesicht muß sich hinter ein paar Felsen, genauer gesagt vier Felsbrocken, verstecken, denn unten im Tal reitet ein Suchtrupp der Mescaleros entlang. Als sie genau unter dem Versteck des Bleichgesichts vorbeitraben, dreht letzteres plötzlich durch, nimmt einen der Felsbrocken und schmeißt ihn hinunter auf die ahnungslosen Rothäute, natürlich ohne eine von ihnen zu treffen. Der Rest ist schnell geschildert: durch den unüberlegten und wirkungslosen Steinwurf auf das Versteck aufmerksam gemacht, kommen die Mescaleros von zwei Seiten heraufgaloppiert und das dämliche Bleichgesicht verliert in wenigen Augenblicken Skalp und Leben in dieser Reihenfolge. Hätte es sich mucksmäuschenstill verhalten, wäre ihm womöglich gar nichts passiert.

Was, in aller Welt, soll denn dieser Blödsinn, wird sich mancher Leser schon seit einer Minute fragen. Sind wir plötzlich bei Karl May gelandet? Keineswegs. Es sollte zur Abwechslung nur mal ein bißchen anschaulich geschildert werden, was einem passieren kann und in der überwiegenden Mehrzahl der Fälle auch passieren wird, wenn man gegen 3 SA vom vierten leeren Buben angreift. B x x x ist nämlich keine Angriffswaffe, sondern fast immer nur eine reine Verteidigungswaffe und oft sogar eine sehr wirkungsvolle dazu, mit der wir aber nur dann Wirkung erzielen können, wenn wir uns möglichst ruhig verhalten und den Alleinspieler nicht darauf aufmerksam machen.

Zu den zahlreichen Fällen, in denen der Angriff von B x x x einen Stich und natürlich Zeit verschenkt, z.B.:

West spielt von

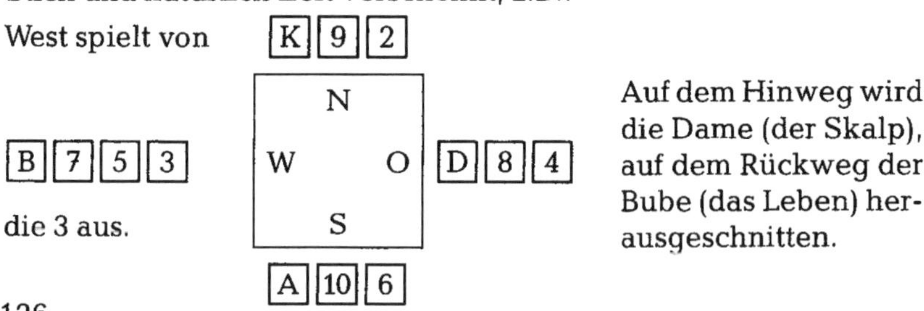

die 3 aus.

Auf dem Hinweg wird die Dame (der Skalp), auf dem Rückweg der Bube (das Leben) herausgeschnitten.

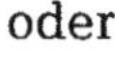

oder

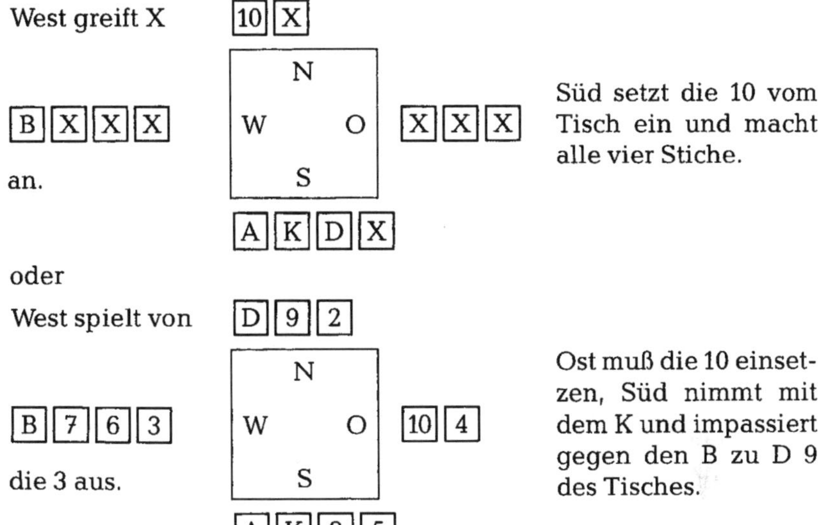

usw. usw.
kommen die vielen unguten Situationen, in denen wir dem Alleinspieler durch das Ausspiel unser Versteck – den Buben zu viert – verraten. Dazu mal eine ganze Hand:

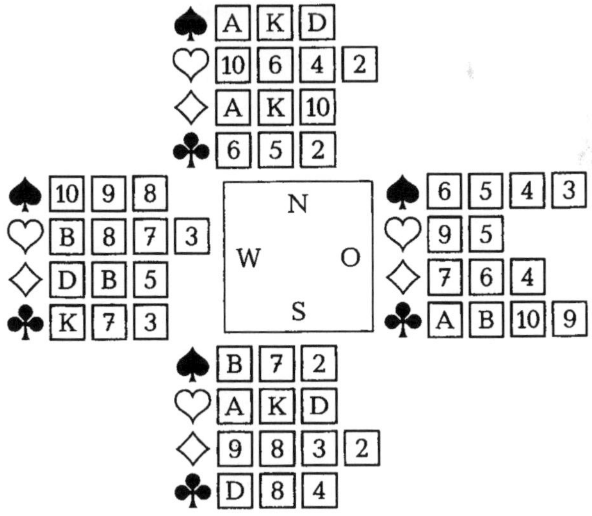

Nehmen wir einmal an, der Alleinspieler bekommt *nicht* den Angriff vom vierten leeren Coeur Buben, sondern den guten Angriff Pik 10. Er wird jetzt seinen Spielplan machen und Stiche zählen. Dabei kommt er auf acht. Den neunten Stich könnte die Coeur 10 bringen, falls niemand den Coeur Buben zu viert hat. Eine weitere Möglichkeit für Stich Nr. 9 wäre die Karo 10, falls D B bei West sitzen, wie es tatsächlich der Fall ist. Aussteigen darf Süd nicht, bevor er seine neun Stiche gemacht hat, denn dann kommen die Treffs über ihn und er wird vier Treffstiche und den Aussteigestich verlieren.

Der in der Wahrscheinlichkeitsrechnung bewanderte Mescalero wird folgende Rechnung aufstellen:

a) den neunten Stich bringt die vierte Coeur 10 des Tisches, falls		
aa) die Coeurs 3 - 3 stehen	=	36,0%
bb) der Bube irgendwo zu zweit steht und fällt	=	16,0%
cc) der Bube irgendwo allein steht und fällt	=	2,5%
Die Gesamtchance beträgt damit	=	54,5%
b) den neunten Stich bringt der gelungene Tiefschnitt gegen D B x in Karo bei West	=	24,0%

Diese Prozentzahlen sprechen für sich. Der Apatsche wird deshalb an unserem Versteck vorbeireiten, Coeur A K D abziehen und - fallen, denn jetzt kommt er nicht mehr in die Hand zurück, um ein zweites Mal gegen unser Karo D B x zu schneiden, wenn wir sein Karospiel mit dem Buben gedeckt haben.

Greifen wir in dieser Hand aber vom leeren vierten Coeur Buben an, dann haben wir den Alleinspieler frühzeitig gewarnt. Er wird jetzt auf die schlechtere Chance spielen und - gewinnen.

Aus alledem ergibt sich als nahezu immer - sagen wir in über 90% der Fälle - zutreffende Regel:

DOCH DAS GRÖSSTE ALLER ÜBEL
IST DAS SPIEL VOM LEEREN BÜBEL.

KAPITEL 19

Zeigt der Gegner große Stärke, gehe aggressiv zu Werke!

(Ausspiel gegen Farbkontrakte)

Für das erste Ausspiel gegen Farbkontrakte gelten ganz andere Gesichtspunkte als für den Angriff gegen Sans-Atout-Kontrakte, das muß wieder einmal gesagt werden. Auf einen bewußt grob vereinfachten Nenner gebracht: beim SA bestimmt in erster Linie unser Blatt, was wir ausspielen, beim Farbkontrakt dagegen die gegnerische Reizung.

Wir sitzen, wie schon so oft, auf West und halten:

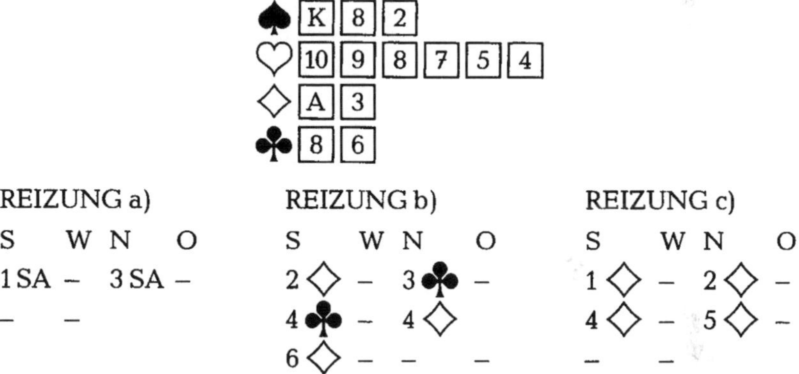

♠ K 8 2
♡ 10 9 8 7 5 4
♢ A 3
♣ 8 6

REIZUNG a)

S	W	N	O
1 SA	–	3 SA	–
–	–		

REIZUNG b)

S	W	N	O
2♢	–	3♣	–
4♣	–	4♢	
6♢	–	–	–

REIZUNG c)

S	W	N	O
1♢	–	2♢	–
4♢	–	5♢	–
–	–		

Im Fall a) werden wir alle ausnahmslos den guten Angriff mit der Coeur 10 wählen und hoffen, mit der aktiven Hilfe des Partners die kleinen Karten der langen Coeurfarbe zu den Stichen entwickeln zu können, die dem Alleinspieler den Garaus machen. Pik K und Karo A sind die benötigten Einstiche für dieses Unternehmen.

Im Fall b) zeigt der Gegner in der Reizung durch den Doppelfit in Treff und Karo enorme Stärke und deutet durch die Reizung schon den voraussichtlichen Spielverlauf an: auf die lange Treff-Farbe des Tisches wird der Alleinspieler aus seiner Hand einen oder zwei Verlierer in den Edelfarben abwerfen können. Solange wir auf West aber Trümpfe haben, an deren Spitze glücklicherweise das As steht, geht das natürlich nicht. Noch nicht. Wir müssen deshalb mit unserem ersten Ausspiel versuchen, eine Bresche in eine der Oberfarbenmauern des Alleinspielers und des Tisches zu schlagen, um dann, wenn wir mit Trumpf As noch einmal zu Stich kommen, in diese Bresche zu springen und den einen oder sogar anderen Stich in dieser Oberfarbe zu kassieren, bevor er auf Nimmerwiedersehen auf die Trefflänge des Tisches verschwinden kann. Gut und schön. Wir wissen zwar nicht genau, ob der Alleinspieler Verlierer in Coeur oder in Pik oder in beiden Farben hat. Eines aber wissen wir genau: um eine Bresche in die Coeurmauer der Gegenseite zu schlagen, müßte unser Partner *mindestens zwei* Coeur-Figuren, nämlich K *und* Dame (oder K und B, falls die Dame am Tisch erscheint) besitzen. Darüber hinaus ist unsere Coeur-Farbe so lang – immerhin sechs Stück –, daß einer der beiden Gegner ohne weiteres ein Coeur Single haben könnte. Dann stieße unser Coeur-Angriff selbst dann ins Leere, wenn unser Partner Coeur K und D hätte. Daraus ergibt sich, daß der Coeur-Angriff hier nicht aggressiv genug und daher *nicht empfehlenswert* ist.

Wie steht es aber mit Pik-Angriff? „Huuch" wird jetzt mancher Leser erschreckt ausrufen, „ich kann doch nicht unter dem König ausspielen!" Falsch.

Der Ausruf „Huuch" ist zwar vollkommen richtig, aber er soll sich auf die *Zeitnot* beziehen, in der wir uns auf West befinden. Erinnern wir uns doch noch einmal der drohenden Treff-Dampfwalze, die mit geheiztem Kessel auf Nord steht und nur darauf wartet, in Gang gesetzt zu werden. Selbst wenn die Gegenseite Pik As (Süd) und Pik Dame (Nord oder Süd) besitzt, verschenken wir mit dem Ausspiel unter dem Pik König wahrscheinlich nur *scheinbar* einen Stich, denn der oder die Pikverlierer des Alleinspielers verschwänden ohnehin auf Nords Trefflänge. Hat aber unser Partner die Pik Dame oder gar Dame und Bube, dann räumt unser superaggressiver Angriff das As des Alleinspielers aus dem Weg, und wenn wir mit Karo As zu Stich kommen, können wir einen oder zwei Pikstiche kassieren. Aggressiv in diesem Zusammenhang bedeutet also: ein *riskantes* Ausspiel, mit dem wir aus *Zeitnot* heraus *schnell* einen oder zwei Stiche *entwickeln* wollen. Ausschlaggebend für unser aggressives Pikausspiel war hier einzig und allein die Reizung der Gegner, mit der sie große Stärke gezeigt und uns in allerhöchste Zeitnot gebracht haben. Deshalb:

ZEIGT DER GEGNER GROSSE STÄRKE,
GEHE AGGRESSIV ZU WERKE!

Weitere Reizungen, nach denen wir in Zeitnot sind und unbedingt aggressiv ausspielen sollten:

REIZUNG d)

NORD	SÜD
1♡	1♠
4♠	6♠

REIZUNG e)

NORD	SÜD
1♡	2♠
3♠	4♡
4 SA	5♡
6♠	

REIZUNG f)

NORD	SÜD
2♡	2♠
3♡	3♠
6♠	

In allen drei Beispielen d), e), und f) halten wir

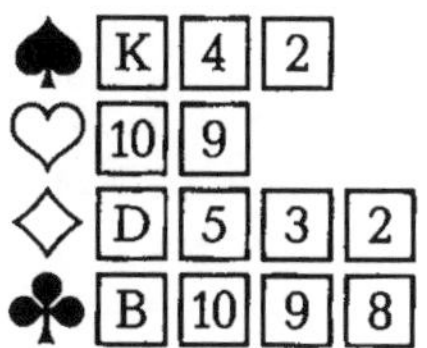
♠ K 4 2
♡ 10 9
◇ D 5 3 2
♣ B 10 9 8

Das aggressive Ausspiel ist in diesem Fall klein Karo, in der Hoffnung, beim Partner den König zu finden, mit Pik König zu Stich zu kommen und einen Karo-Stich zu machen, bevor sich die Coeur-Dampfwalze auf Nord in Bewegung setzen kann. Treff Bube wäre nach einer der Reizungen d bis f das „bequeme", passive und – schlechte Ausspiel.

KAPITEL 20

Reizt der Gegner eher schwächlich, spiele aus passiv-gemächlich!

Zurück zur Ausgangshand (Kap. 19):

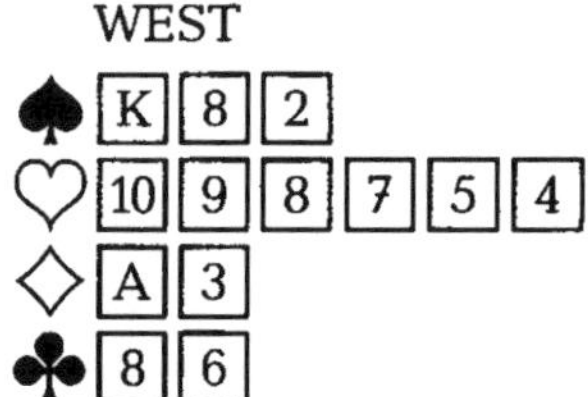

Im Beispiel c) verlief die Reizung, wir erinnern uns:

S	W	N	O
1♢	–	2♢	–
4♢	–	5♢	–

Hier zeigte Süd durch seinen Sprung auf 4 Karo zwar einige Stärke, doch Nord reizte eher schwächlich. Eine zweite Farbe wurde nicht gereizt. Die Gefahr mehrerer Abwürfe am Tisch droht also nicht so unmittelbar wie bei der starken Reizung des Beispiels b). Wir befinden uns nicht in Zeitnot. Hier wäre das aggressive Pik-Ausspiel viel zu riskant, weil es dem Gegner möglicherweise genau den so bitter benötigten 11. Stich schenken könnte. Nein, nein, hier verschwenden wir keinen weiteren Gedanken an einen aggressiven Pik-Angriff, sondern spielen passiv die Coeur 10 aus und setzen uns gemächlich zurück. Soll der Alleinspieler doch sehen, wie und wo er seine elf Stiche zusammenkratzt, wir werden ihm jedenfalls dabei nicht helfen. Wieder war die gegnerische Reizung ausschlaggebend für unseren richtigen Angriff.

Weitere Beispiele für „schwächliche" Reizungen:

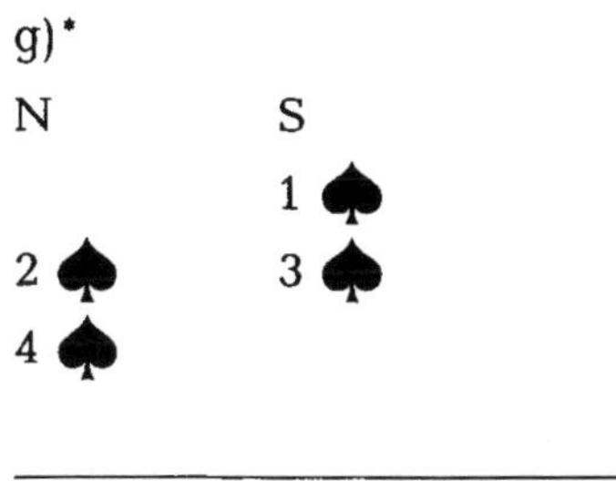

*) das ist die sogenannte 7-Schwaben-Reizung, die sich nach dem Motto: „Jockele, gang Du vora, Du hoscht Spore und Stiefele a!" dem Ungeheuer namens Endkontrakt nähert.

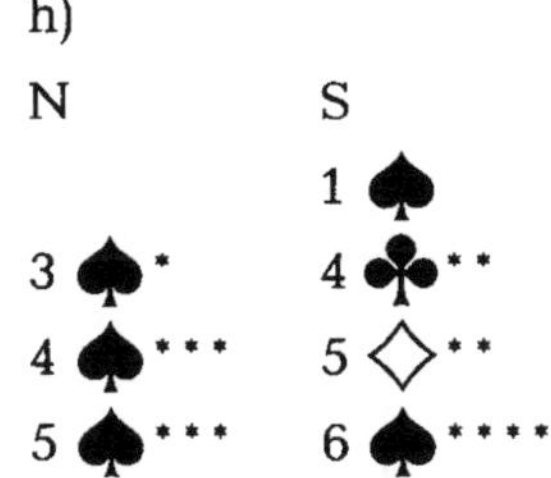

*) limit bid 9–11 P.
**) cue bid
***) nein, danke.
****) ich versuch's trotzdem.

In beiden Fällen haben wir die gleiche Hand, wie bei den Beispielen d), e) und f).

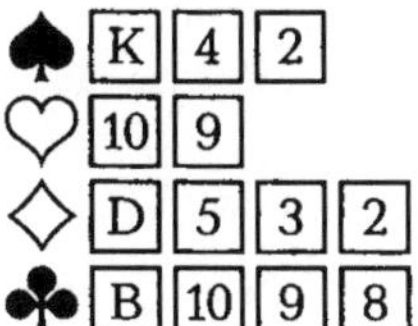

Und in beiden Fällen werden wir passiv-gemächlich ausspielen, und das ist der Treff Bube, denn:

WAR DIE REIZUNG EHER SCHWÄCHLICH,
SPIELE AUS PASSIV - GEMÄCHLICH!

KAPITEL 21

Spät geeinigt in Atout? Spiele Trumpf hinaus im Nu!

(Ausspiel gegen Farbkontrakte)

Jeder der beiden Gegner reizt eine Farbe, sie können sich auf keine der beiden Farben einigen, wir fangen schon an, heimlich zu feixen, weil es fast so aussieht, als seien wir zur Hochzeit zweier Trotzköpfchen eingeladen, ja, und dann „finden" sie sich plötzlich doch noch in einer dritten, neuen Farbe. Und das muß uns mit einem schrillen Alarmsignal aus dem Halbschlaf aufwecken. Was ist geschehen? Jeder der beiden hat vermutlich eine Fünfer- oder gar Sechserfarbe, in der der andere eher sehr kurz zu sein scheint. Und dann entdecken sie doch noch einen „Fit", d. h. eine gemeinsame Trumpffarbe? In den allermeisten Fällen ist diese dritte Farbe in den Gegnerhänden 4 – 4 verteilt und es ist leicht vorauszusehen, wie das Alleinspiel verlaufen wird: entweder benutzt der Alleinspieler die Trümpfe der einen Hand, um die lange, als erstes gereizte Farbe der anderen Hand hochzuschnappen, oder er spielt das ganze Spiel sogar im totalen „Cross-Ruff" (= Schnipp-Schnapp), indem er erst die Gewinner in den beiden Fremdfarben abzieht und anschließend die Verlierer dieser Farben mit den Atouts von Hand und Tisch abwechselnd hin- und hersticht. Die voraussichtlich einzige Möglichkeit, solches zu verhindern, ist der *Original-Trumpfangriff,* der dem Gegner sofort einmal zwei Trümpfe (je einen von Tisch und Hand) abräumt. Falls wir oder unser Partner dann noch einmal frühzeitig zu Stich kommen, können wir oder er das begonnene Zerstörungswerk vollenden: eine zweite und – im Idealfall – dritte Trumpfrunde kosten den Gegner jeweils zwei weitere Trumpfkarten, mit denen er im Prinzip etwas weitaus Besseres vorhatte, als sie nur nutzlos über- und untereinanderfallen zu lassen. Jede Trumpfrunde, die wir spielen, kostet den Gegner einen Stich. Das Ergebnis der Hand wird dann entsprechend gut für unsere Seite sein. Im Paarturnier sowieso, da liegen ja mitunter ganze Welten zwischen beispielsweise 4 Coeur + 2 = 480 und 4 Coeur erfüllt = 420. Und auch im Rubber- oder Teambridge werden wir mit dem Trumpfangriff „im Nu" so manchen Kontrakt zu Fall bringen, der bei einem neutralen Halbschlafangriff erfüllt wird.

Die Reizung ging:

SÜD	NORD
1 ♠	2 ♣
2 ♠	3 ♣
3 ♡	4 ♡

Wir sitzen auf West und halten

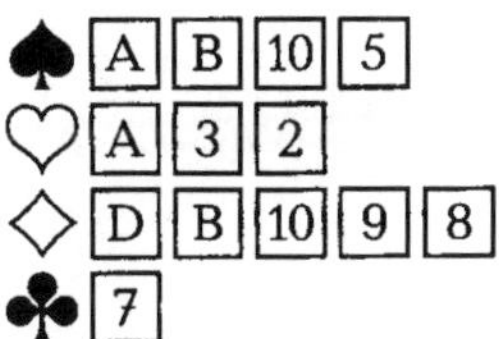

Es ist nach der Reizung ziemlich sicher, daß Süd eine 5er oder 6er Pik und eine 4er Coeur, Nord dagegen eine 6er Treff und eine 4er Coeur haben. Wir sehen mit Freuden unsere Pikhaltung A B 10 5 an und spielen ein *kleines* Trumpf aus. Wenn wir mit Pik As zu Stich kommen, und das dürfte ziemlich bald geschehen, spielen wir Coeur As, gefolgt vom letzten Coeur. Wegen des Misfits in den schwarzen Farben hat der Alleinspieler keine Chance mehr, einen Überstich zu erzielen, denn er hat nur noch einen einzigen Trumpf am Tisch, so daß wir noch einen Pikstich machen werden, und falls unser Partner einen Karostich macht, wird die Hand sogar down gehen.

Die ganze Hand sieht so aus:

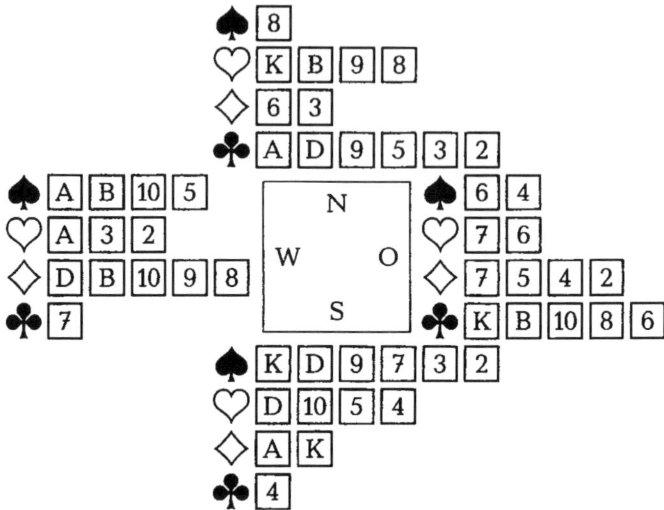

Wir sehen selbst: hätten wir den „bequemen" Angriff Karo Dame oder den verführerischen, aber unüberlegten Angriff mit dem Single Treff gemacht, dann hätte Süd unschwer elf Stiche erzielt, weil er selbst dann zweimal Pik am Tisch stechen kann, wenn wir, mit Pik As bei Stich, jetzt (zu spät) Coeur As, klein Coeur spielen. *Im Nu* heißt wirklich *augenblicklich*. Ohne den wichtigen Hinweis aus der Reizung hätten wir gegen 4 Coeur wahrscheinlich Karo Dame oder Treff 7 ausgespielt.

Mit der Trumpfhaltung A x x, wie im obigen Beispiel, ist es meistens günstiger, eine *kleine* Trumpfkarte und nicht das As auszuspielen, besonders dann, wenn man kein sicheres Schnell-Entree haben sollte. Der Grund dafür leuchtet ein: wenn wir drei Trümpfe haben, kann unser Partner nur zwei haben, und wenn wir erst das Trumpf As abziehen und klein Trumpf nachspielen, dann besitzt unser Partner kein Trumpf mehr, um es zur dritten, mörderischen Trumpfrunde zurückzuspielen, falls *er* derjenige ist, der frühzeitig zu Stich kommt.

Haben wir dagegen als Angreifer nur das double As (A x), dann spielen wir natürlich das As aus und jagen unsere letzte Trumpfkarte hinterher, in der Hoffnung, daß der Partner schnell zu Stich kommt und sein drittes Atout spielt.

Setzen wir uns vielleicht für zwei Augenblicke auf den Ostsessel. Nach einer Reizung wie gehabt:

SÜD	NORD
1 ♠	2 ♣
2 ♠	3 ♣
3 ♡	4 ♡

geht ein poetisches Leuchten über Wests Antlitz, denn er erinnert sich: Spät geeinigt in Atout! und spielt versgetreu klein Coeur aus. Der Tisch erscheint und wir sehen:

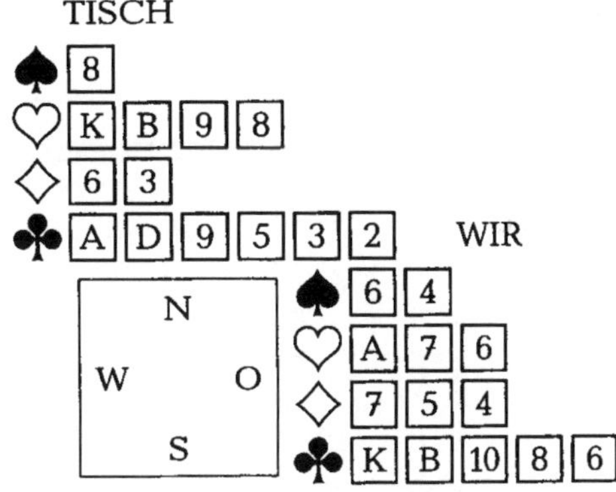

Der Tisch gibt die Coeur 8 und wir machen jetzt bitte nicht den Fehler, das Coeur As gedankenlos sofort einzusetzen, sondern denken lieber zwei, drei Stiche voraus: falls wir das As jetzt gleich nehmen und Coeur nachspielen, haben wir voraussichtlich keine

Möglichkeit mehr, die dritte, vernichtende Coeurrunde zu spielen, weil wir kein Entree mehr dafür haben. Bleiben wir aber in der ersten Coeurrunde *klein*, dann wäre Coeur As unser Entree, und wenn der Partner wirklich Pik As hat, dann spielt er sein zweites und letztes Coeur zurück, sobald er zu Stich kommt. Jetzt nehmen wir das As und fahren unser drittes Coeur hinterher.

Und auch, wenn wir auf Ost nach Coeur-Angriff von West dieses zu sehen bekommen:

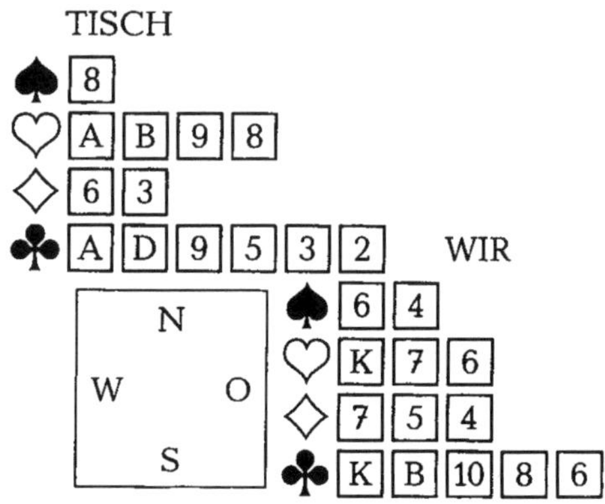

und der Tisch die Coeur 8 gibt, sollten wir Ruhe und Nerven bewahren und *nicht* den König einsetzen! Immerhin ist es ja möglich, daß der Alleinspieler beim späteren Coeur-Rückspiel von Partner West den suizidalen Fehler begeht, erneut klein vom Tisch zu spielen: jetzt erst nehmen wir mit dem Coeur König und spielen unser drittes Coeur.

Zurück auf den Weststuhl: nach der späten gegnerischen Einigung auf eine Atoutfarbe spielen wir also im Nu Trumpf aus. Das gilt nahezu uneingeschränkt. Wir werden deshalb auch von Trumpf K x x angreifen, was noch relativ ungefährlich ist. Aber selbst mit D x x oder B x x, oder D x oder B x in Trumpf, wovon wir *normalerweise* nicht angreifen, weil dadurch leicht ein sicherer Trumpfstich flöten geht oder dem Alleinspieler falsches Raten erspart wird, sollten wir im Spezialfall der späten Trumpfeinigung getrost ausspielen, aus der einfachen Überlegung heraus: wir riskieren mit dem Angriff zwar, *einen* Trumpfstich zu verschenken, können aber durch den technisch richtigen und notwendigen Trumpfangriff zwei oder gar drei Stiche zurückgewinnen, wie das unten angegebene Beispiel noch einmal deutlich zeigt:

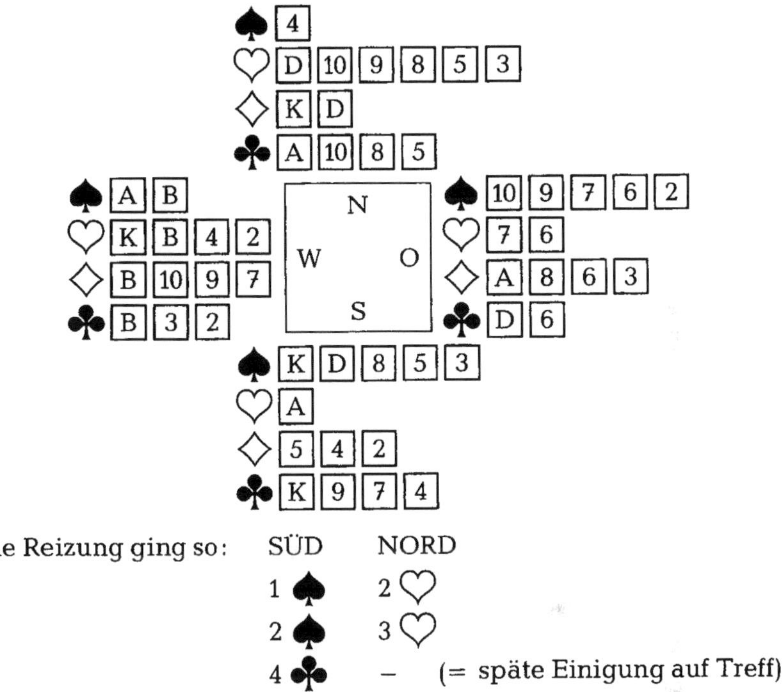

Die Reizung ging so:	SÜD	NORD	
	1 ♠	2 ♡	
	2 ♠	3 ♡	
	4 ♣	–	(= späte Einigung auf Treff)

Wenn wir auf West den „bequemen" Angriff mit Karo Bube wählen und unser Partner womöglich Karo zurückspielt, wird sich das Spiel der Hand wahrscheinlich so entwickeln: der Alleinspieler spielt vom Tisch klein Pik zur Dame, die wir mit dem As nehmen. Wenn wir jetzt erst Trumpf spielen, ist es bereits viel zu spät: der Alleinspieler nimmt in der Hand, spielt sein Coeur As und Pik K ab und beginnt das gefürchtete Schnipp-Schnapp. Er erzielt dabei, in dieser Reihenfolge: 1 Karostich, 1 Treffstich, 1 Coeurstich, 1 Pikstich sowie *sechs* weitere Treffstiche mit drei Pikschnippern am Tisch und drei Coeurschnappern in der Hand. Ergebnis: 4 Treff = 130.

Bei Original-Angriff Treff 2 (oder falls der Partner ein bißchen gescheiter gespielt und nach Karo As seinerseits Trumpf retourniert hätte) hätten wir, mit Pik As bei Stich, eine zweite Treff-Runde spielen können und die Anzahl der Tisch-Schnipper und Hand-Schnapper auf insgesamt *vier* reduziert, falls der Alleinspieler keinen Fehler macht. Die erzielten Stiche des Alleinspielers, in dieser Reihenfolge: 1 Treff-, 1 Treff-, 1 Coeur-, 1 Pik-Stich, vier Schnipp-Schnapper und 1 Karo-Stich = 4 Treff minus 1 = −50.

Es gibt aber mehr Alleinspieler, die Fehler machen, als man glaubt. Spielt der Alleinspieler zum zweiten Stich Karo, dann spielt Ost, mit Karo As bei Stich, sein zweites und letztes Atout zurück. Anschließend kommen wir mit Pik As dran und spielen unser drittes Trumpf. Jetzt ist es tatsächlich passiert: der Alleinspieler macht, in dieser Reihenfolge: 1 Treff-, 1 Treff-, 1 Treff-, 1 Coeur-, 1 Pik-, 1 Karo-Stich und nur noch je einen Schnipp-Schnapper: 4 Treff minus 2 = 100 Gute für uns.

Weitere Beispiele für „späte Einigung":

N	O	S	W
1♠	–	2♢	–
2♡	–	2SA	–
3♣	–	–	–

N	O	S	W
1♣	–	1♠	–
1SA	–	2♡	–
3♡	–	4♡	–
–	–		

N	O	S	W
2♠	–	3♣[*]	–
3♢	–	3♡	–
3SA	–	4♣	–
5♣	–	–	–

*) Herbert-Ablehnung

N	O	S	W
1♠	X	–	1SA
2♠	–	–	X
3♡	–	–	X

N	O	S	W
1♠	–	1SA	–
2♢	–	–	–

In all diesen Fällen sollte der Ausspieler mit Trumpf angreifen, denn:

SPÄT GEEINIGT IN ATOUT?
SPIELE TRUMPF HINAUS, IM NU!

Die Ausnahmen von dieser Regel sind in den Kapiteln 22 und 23 behandelt.

KAPITEL 22

Spiel doch nicht aus Dein Single Trumpf, denn das macht Partners Waffen stumpf!

(Ausspiel gegen Farbkontrakte)

So schnell kann man oft gar nicht zusehen, wie aus folgender Westhand

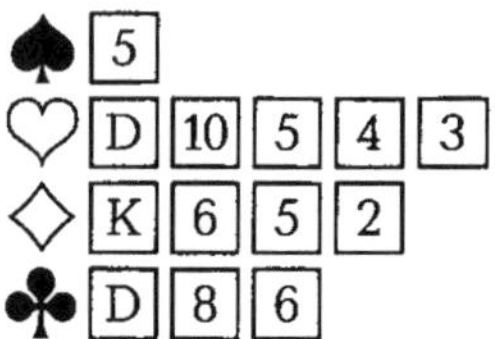

beispielsweise nach der Reizung

SÜD	NORD		SÜD	NORD
1 ♣	1 ♡		1 SA	2 ♣
1 ♠	2 ♠	oder	2 ♠	4 ♠
4 ♠				

geradezu blitzartig die single Pik 5 auf den Tisch geflattert kommt. Warum macht West nur so etwas? Wahrscheinlich, weil er glaubt, dies sei sein bester Angriff. Das ist aber ein grober, ein schrecklicher Irrtum. Es ist, im Gegenteil, der *schlechteste* von vier möglichen Angriffen und hilft sehr oft dem Alleinspieler, sein großes Trumpfproblem zu lösen. Denn daß er ein solches Problem haben kann, geht aus der Reizung und just aus der Tatsache unseres

Trumpf-Singles hervor: die Trümpfe der Gegner – das ist ziemlich sicher – stehen 4 – 4, und infolgedessen hat unser Partner ebenfalls vier Trumpfkarten und lauert drüben mit gewetztem Messer. Machen wir doch, bevor wir weiterlesen, zu Hause mit einem Päckchen Karten eine Versuchsreihe: wir geben uns selbst die Pik 5 und mischen die restlichen zwölf Pikkarten jeweils sorgfältig durch und verteilen sie dann 50-, 500- oder 5000 mal an die restlichen drei Spieler Nord/Ost/Süd im Verhältnis 4:4:4. Dann greifen wir jedes einzelne Mal mit der Pik 5 an und betrachten erschüttert, welchen Schaden wir in den meisten Fällen damit anrichten. (Wenn das Papier nicht so teuer wäre, meinte der an und für sich großzügig denkende Herr Verleger, könnten wir diese Versuchsreihe hier gemeinsam durchführen. Immerhin hat er zwanzig Versuche gestattet):

WIR	NORD	OST	SÜD	SCHLECHT
5	K943	A1062	DB87	x
5	K1098	AB76	D432	x
5	A1042	D986	KB73	x
5	A1043	KB62	D987	x
5	KB42	D976	A1083	x
5	KD104	A982	B763	
5	D972	KB108	A643	
5	8642	A1097	KDB3	
5	AB104	9873	KD62	
5	B943	KD87	A1062	x
5	A1098	KD73	B642	x
5	AK42	B873	D1096	x
5	K982	A1043	DB76	x
5	8742	DB96	AK103	x
5	K1092	AB84	D763	x
5	AD72	K1043	B986	x
5	A864	B932	KD107	x
5	D1076	AB42	K983	x
5	D943	B1072	AK86	x
5	10873	AB94	KD62	x

Nahezu ausnahmslos bewirkte unser Angriff Pik 5 – vom Tempoverlust einmal ganz abgesehen – daß wir

a) dem Alleinspieler jedes falsche Raten erspart und/oder

b) die Trumpfhaltung des Partners zerstört und/oder

c) dem Alleinspieler sogar einen Stich geschenkt haben, den er aus eigener Kraft nicht gemacht hätte.

Mit der Ausgangshand

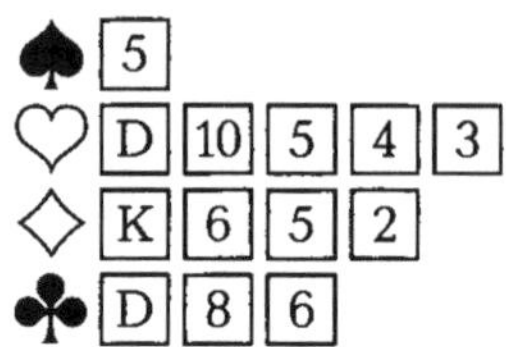

spielen wir deshalb in Zukunft *nie wieder* Single Trumpf, sondern die Coeur 4 aus, einverstanden? Das ist ein guter, aggressiver Angriff, mit dem wir unter Umständen sogar die Kontrolle über die gesamte Hand gewinnen können – immerhin besitzt unser Partner eine scharfe Trumpfwaffe, das *wissen* wir nach der Reizung.

Auch wenn die Reizung gegangen sein sollte:

SÜD	NORD		SÜD	NORD		SÜD	NORD
1 ♠	3 ♠	oder	1 ♠	2 ♠	oder	2 ♠	3 ♠
4 ♠			4 ♠			4 SA	5 ♢
						6 ♠	

ist der Angriff mit dem Single Pik die schlechteste Wahl. Jetzt hat unser Partner vielleicht nur noch drei Pikkarten, aber darunter können sich Figuren befinden, die der Alleinspieler ohne unseren Angriff erst einmal hätte suchen müssen:

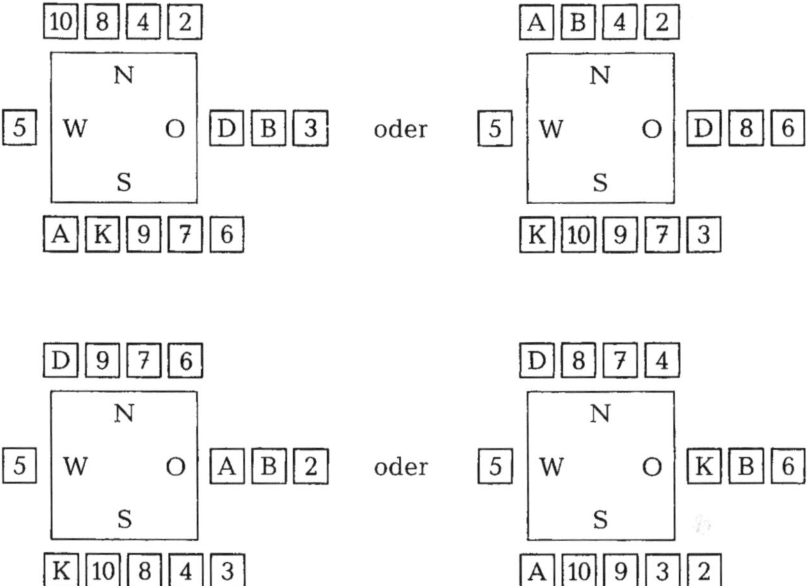

(Auch hier könnte man eine entsprechende Versuchsreihe machen und dann Alpträume, hervorgerufen und unterstützt von Partners ohnmächtigem Zähneknirschen, bekommen.)

So allmählich müßte es uns jetzt dämmern, wie schlecht unser Single-Trumpf-Angriff ausnahmslos ist.

Fast ausnahmslos. Es gibt eine sehr wichtige Ausnahme von der Regel unseres Merkverses. Nämlich:

Die Reizung ging:

SÜD	WEST	NORD	OST
1 ♠	X	–	– (!)
–			

Ost hat unser Informationskontra in ein Strafkontra verwandelt, indem er gepaßt hat. Jetzt hat er mindestens fünf Trumpfkarten, das ist sicher. Seine Waffe ist also superscharf und verlangt nach unserem Trumpfausspiel, „selbst wenn wir gar keins haben". In diesem – wirklich einzigen – Ausnahmefall spielen wir unsere single Pik 5 aus, was den Partner erfreut und den Alleinspieler in Verlegenheit stürzt, denn der Partner Ost möchte so schnell wie möglich die Trumpfkontrolle über die Hand bekommen, und der schwache Dummy soll nicht womöglich sein single oder double Trumpf verstechen können.

Sonst aber gilt für uns uneingeschränkt:

SPIEL' DOCH NICHT AUS DEIN SINGLE TRUMPF,
DENN DAS MACHT PARTNERS WAFFEN STUMPF!

KAPITEL 23

Vier Trümpfe hast Du? Hör mal zu: Greif an wie gegen Sans Atout!

(Ausspiel gegen Farbkontrakte)

Wir haben in einem der früheren Kapitel (19) davon gesprochen, daß für das Ausspiel gegen Farbkontrakte ganz andere Gesichtspunkte gelten als für den Angriff gegen SA. Bei letzterem, wir erinnern uns, kommt es darauf an, den Zeitvorsprung zu nützen, den uns die Regel durch die Ausspielberechtigung gibt, um möglichst rasch Stiche in einer langen Farbe zu entwickeln, d. h. unsere lange Farbe hochzuspielen, bevor der Alleinspieler seinerseits die erforderlichen neun Stiche entwickelt und kassiert hat. Im Farbkontrakt, bei dem der vereinigte Gegner meist wesentlich mehr Trümpfe besitzt als unsere Seite, kommt es dagegen eher darauf an, die vorhandenen Stiche rechtzeitig zu kassieren, bzw. den einen oder anderen Stich schnell zu entwickeln, bevor der Alleinspieler Verlierer in dieser Farbe abwerfen kann, oder aber gegebenenfalls das eine oder andere unserer wenigen Atouts zu verschnappen.

Nun kommt es aber gar nicht einmal so selten vor, daß wir als Ausspieler vier Trumpfkarten besitzen. Vier!

WEST (wir)	REIZUNG	
	SÜD	NORD
♠ 10 9 6 4	1 ♠	2 ♠
♡ D B 10 8 5	4 ♠	–
◇ D 10 3		
♣ 7		

Hand auf's Treff: gegen Vier Pik von Süd griffen wir bisher oft unsere single Treff 7 an und glaubten, dies sei ein guter Angriff, und haben dabei vielleicht nicht überlegt, daß dieser Angriff nur dann gut sein kann, wenn Partner Ost *zwei* schnelle Entrees hat (z.B. hier das Treff As *und* ein weiteres As, so daß wir seine Treff-Rückspiele zweimal schnappen können). Kommt der Partner aber nur einmal dran, was viel wahrscheinlicher ist, dann geht der Schuß nach hinten los, wie die – leider – überwiegende Zahl der Single-Angriffe, vgl. Kapitel 24. Durch den einen Treff-Schnapper wird unsere schöne Trumpflänge gekürzt, was dem Alleinspieler das Leben wesentlich erleichtert. Wenn wir vier Trümpfe haben, sollten wir vielmehr versuchen, die Trumpflänge des Alleinspielers zu verkürzen, so daß wir vielleicht gleich lang mit ihm werden oder sogar eins länger werden als er. Das wird ihm das Leben wesentlich erschweren. Eine Trumpfverkürzung des Alleinspielers können wir am besten erreichen, wenn wir *genauso ausspielen wie gegen 3 SA,* die Trumpffarbe ausgenommen.

Nehmen wir zunächst einmal an, wir hätten mit der obigen Hand unser single Treff ausgespielt:

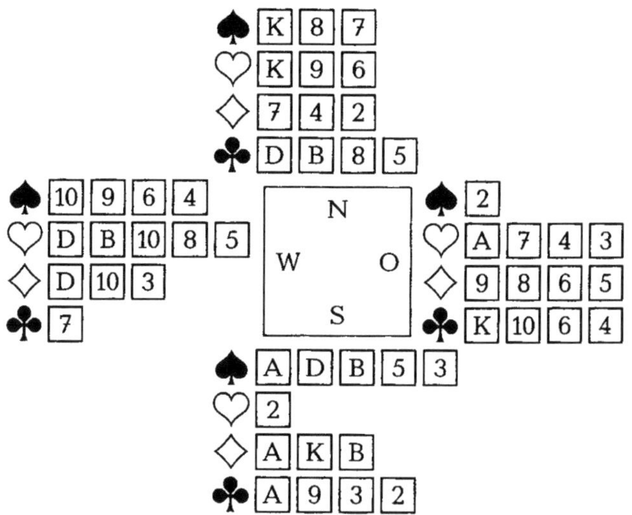

Der Alleinspieler bleibt vom Tisch klein und Ost setzt die 10 ein, die Süd mit dem As nimmt, um sofort vier Runden Atout zu spielen. Süd kann nur noch einen Treff-, einen Karo- und einen Coeurstich verlieren.

Totaliter aliter – ganz anders – wäre die Hand verlaufen, wenn wir versgetreu „wie gegen Sans Atout" ausgespielt hätten. Gegen 3 SA von Süd spielt jeder brave West die Coeur Dame aus, und das machen wir auch hier: falls sie bei Stich bleibt, spielen wir den Coeur Buben hinterher. Hätte Süd vom Tisch den König eingesetzt, dann hätte Ost mit dem As genommen und ebenfalls Coeur weitergespielt. In beiden Fällen muß Süd die zweite Coeur-Runde trumpfen und hat damit auch nur noch vier Atouts. Wie soll's jetzt für den armen Süd weitergehen? Er wird eine Pik-Runde aus der Hand (A oder D) spielen, dann zum Pik K an den Tisch gehen und die Pik-Bescherung sehen, wenn Ost nicht mehr bedient. Als nächstes wird Süd vom Tisch die Treff Dame spielen, die Ost nicht deckt. Das zweite Treff-Spiel des Tisches wird von Ost gedeckt (B mit K, oder 9 mit 10). Süd setzt notgedrungen das As ein, das wir ihm wegstechen, um erneut Coeur zu spielen. Süd muß abermals trumpfen und ist wieder gleich lang mit uns. Zur Zeit haben Nord, Süd und wir noch je eine Trumpfkarte. Süd muß noch einen Treff- und einen Karo-Stich oder einen Treff-Stich und einen Treff-Schnapper verlieren, wenn er unser letztes Atout nicht abzieht.

Durch das Ausspiel „wie gegen Sans Atout" haben wir den Alleinspieler **forciert** (Fachausdruck), d. h. seine Trumpflänge kürzer gemacht, so daß er nicht mehr alle Trümpfe ziehen konnte, ohne befürchten zu müssen, drei weitere Coeurstiche und einen Treff-Stich zu verlieren. Hier machte unser gutes Ausspiel einen Unterschied von einem – allerdings sehr wichtigen – Stich aus. Im zweiten Beispiel dieses Kapitels geht es um ganz andere Beträge:

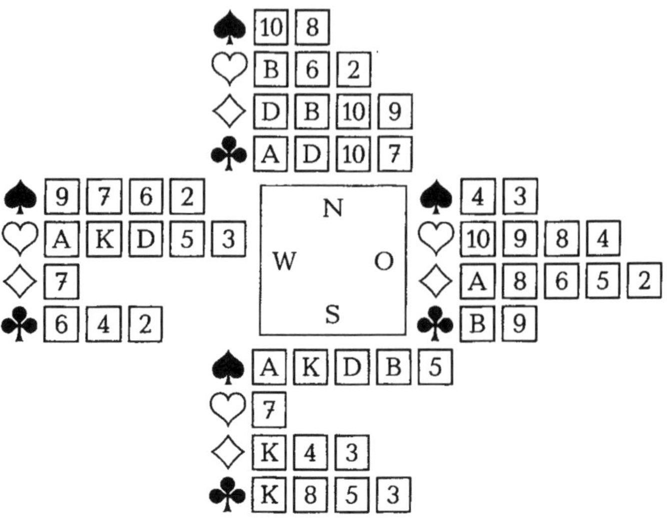

Im vorigen Beispiel hatten Nord/Süd zusammen stolze 28 Punkte. Diesmal sind es „nur“ 26, was genug wäre, um volles Spiel zu reizen und zu machen. 3 SA gehen nicht wegen der Coeurschwäche, also werden sie Vier Pik reizen, zu spielen – natürlich – von Süd, wem sonst?

Wieder haben wir auf West vier Trümpfe. Wir wissen inzwischen, daß wir unser single Karo nicht ausspielen (denn das würden wir ja gegen 3 SA auch nicht ausspielen. Falls wir es wider besseres Wissen doch tun, bekommen wir zwar sofort 1. einen Karo-Schnapper, aber 2. die Quittung für unser schwaches Spiel, denn nach dem Schnapper ist der Ofen restlos aus: unser Spiel zum vierten Stich wird vom Alleinspieler gewonnen, der daraufhin unsere drei restlichen Trümpfe abzieht. Hätten wir zum dritten Stich gar unser Coeur-As nicht abgeholt, dann hätte Süd seinen Coeur-Verlier auf das vierte Karo abgeworfen und sage und schreibe elf Stiche gemacht. So sind es immerhin noch zehn geworden).

Nein, wir spielen mit dieser Westhand wie der BLITZ aus, als ob Süd 3 SA spielte, und das bedeutet: Coeur As, gefolgt von Coeur König (Ost hat sich auf das As vorsorglich entblockiert, der Gute). Der Alleinspieler trumpft, zieht drei Runden Trumpf und sitzt dann da wie vom DONNER gerührt: den letzten Trumpf kann er nicht ziehen, denn noch lebt ja das Karo As bei Ost. Also wird er vier Runden Treff spielen. Wir trumpfen die vierte mit unserem letzten Atout und spielen wieder Coeur. Süd sticht mit seinem letzten Trumpf UND NOCH IMMER LEBT DAS KARO AS. Süd kann keinen Stich mehr machen und fällt zweimal. Ein gewaltiger Unterschied. Ohne weiteren Kommentar:

VIER TRÜMPFE HAST DU? HÖR MAL ZU:
SPIEL AUS **WIE GEGEN SANS ATOUT!**

KAPITEL 24

Das Single stets verlocken tut, wer's ausspielt, oft verzocken tut:

(Ausspiel gegen Farbkontrakte)

Unter „verzocken" versteht man im schnoddrigen Bridgedeutsch weiter Kreise: schlecht spielen und deshalb verlieren. Das nur vorab.

Vielleicht stürzt das Ausspiel-Weltbild so manchen Lesers bei der Lektüre dieses Kapitels in sich zusammen. Wir wollen versuchen, ein neues und besseres aufzubauen und an die Stelle des alten zu setzen.

Erster Schock: in der Mehrzahl der Fälle ist das Ausspiel eines Singles gegen Farbkontrakte günstiger für den Alleinspieler als für die ausspielende Seite. Wie wir in der Versuchsreihe zum Kapitel 22 (SPIEL DOCH NICHT AUS DEIN SINGLE TRUMPF...) gesehen haben, fährt unser Single-Ausspiel fast immer durch die Kartenkombination unseres Partners hindurch wie ein heißes Messer durch die Butter und erspart dem Alleinspieler die Mühe, etwa ausstehende Figuren dieser Farbe selbständig zu suchen, und Ärger und Enttäuschung darüber, sie nicht gefunden zu haben. Wir wollen aber mit unserem Gegenspiel erreichen, daß der Alleinspieler sich so sehr müht und so viel ärgert, wie es irgend geht. Außerdem und vor allem verschenken wir mit unserem Single-Ausspiel so gut wie immer unser wertvollstes Kapital: den Zeitvorsprung. Seien wir doch ehrlich: bisher haben wir unser Singleton ausnahms- und kritiklos als den besten Angriff angesehen und nie daran gedacht, welchen Schaden wir damit unter Umständen in

Partners Hand anrichten und wieviel Zeit wir grundsätzlich damit verschenken.

Ein Allerweltsbeispiel dafür, wie schlecht der Single-Angriff sein kann und fast immer ist:

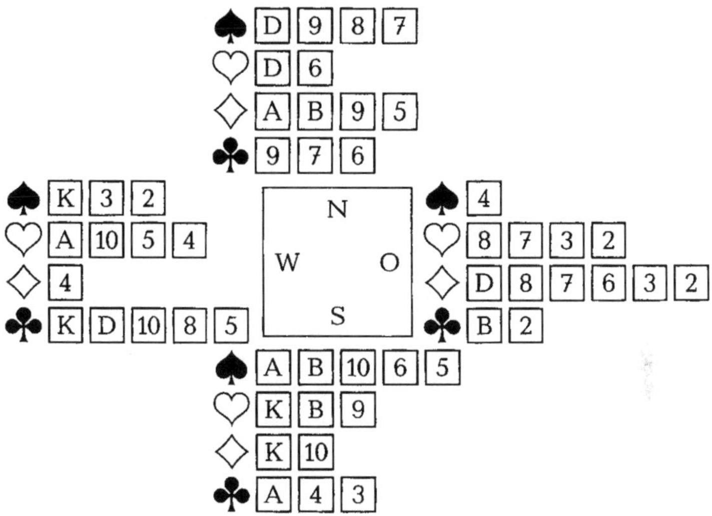

Der Kontrakt ist 4 Pik von Süd. Wenn wir von West unser single Karo ausspielen, machen wir den Alleinspieler sehr happy: er gibt vom Tisch klein Karo und findet die Dame des Partners. Er wird jetzt, nach dem Geschenk der Karo Dame und des Zeitvorsprungs, sofort Pik spielen und unseren König heraustreiben. Wenn wir mit selbigem bei Stich sind, werden wir erst jetzt unseren Treff König spielen, was leider viel zu spät ist. Der Alleinspieler gewinnt mit dem As, zieht den letzten Trumpf, spielt die Karo 10 ab und erreicht den Tisch mit klein Trumpf, um die beiden Treff-Verlierer seiner Hand auf Karo A und B des Tisches abzuwerfen. Coeur As ist der einzige Stich, den wir noch machen können: 4 Pik mit Überstich (oder 4 Pik genau erfüllt, falls der Partner die Karo Dame im ersten Stich nicht herausgerückt hat), *weil* wir unser Single ausgespielt haben. Hätten wir den guten Angriff mit Treff König gemacht, dann hätten wir den Kontrakt geschlagen: mit Pik König bei Stich, machen wir noch zwei Treff-Stiche und das Coeur As = vier Stiche.

Weshalb war der Angriff mit dem Single hier so schlecht?

1. Wir selbst (West) waren zu stark. Unser Partner kann angesichts der 12 Punkte in unserer Hand kaum ein Schnell-Entree besitzen, mit dem er uns dann den erhofften Karo-Schnapper geben könnte. Und nur wegen dieses Schnappers haben wir ja Karo Single ausgespielt, stimmt's? Da wir aber auf Grund der eigenen Kontrollstärke sicher sind, daß der Partner nicht rechtzeitig drankommen kann, ist es absurd, hier auf ein Schnapp-Wunder zu hoffen.

Ein zweites Beispiel, so richtig aus dem Leben, ehrlich:

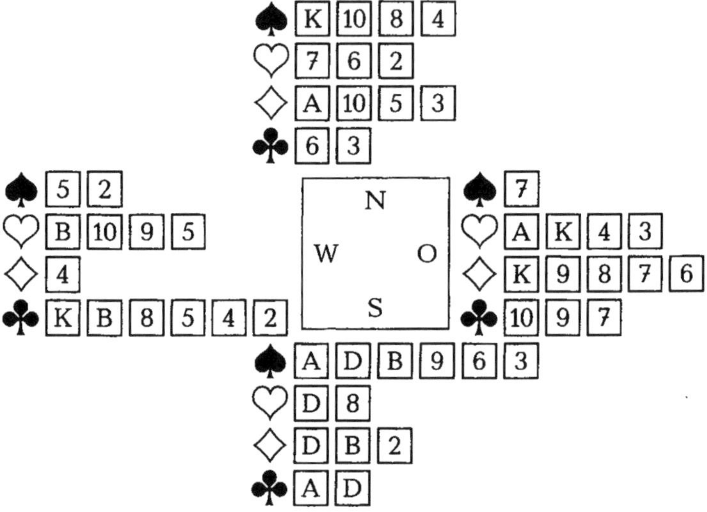

Angenommen, wir (West) greifen gegen Süds 4 Pik mit der Karo 4 an: Süd ist schon wieder high, denn er setzt sofort das Karo As ein, zieht zwei Runden Trumpf und spielt klein Karo vom Tisch. Ost nimmt mit dem König und spielt Treff 10. Zu spät. Süd setzt das Treff As ein, zieht die Karo Dame ab, geht mit Trumpf an den Tisch und wirft die schlechte Treff Dame auf Karo Zehn ab, um nur noch zwei Coeur-Stiche zu verlieren. 4 Pik erfüllt, *weil* wir unser single Karo ausgespielt haben. Hätten wir dagegen den guten Angriff mit dem Coeur Buben gemacht, dann hätte der Partner übernommen, den zweiten Coeur-Stich kassiert und dann Treff gespielt. Süd muß noch Treff- und Karo-König an unsere Seite verlieren.

Weshalb war unser Single-Ausspiel diesmal so schlecht?

2. Weil wir nicht verhindern konnten, daß der Gegner uns die beiden kleinen Trümpfe abzog, bevor der Partner zu Stich kam, um uns den einen oder anderen Karo-Schnapper zu verabreichen, darum. Wieder haben wir mit dem Single-Ausspiel nichts gewonnen, aber alles verloren, weil wir unseren Zeitvorsprung verschenkt haben.

Und ein drittes:

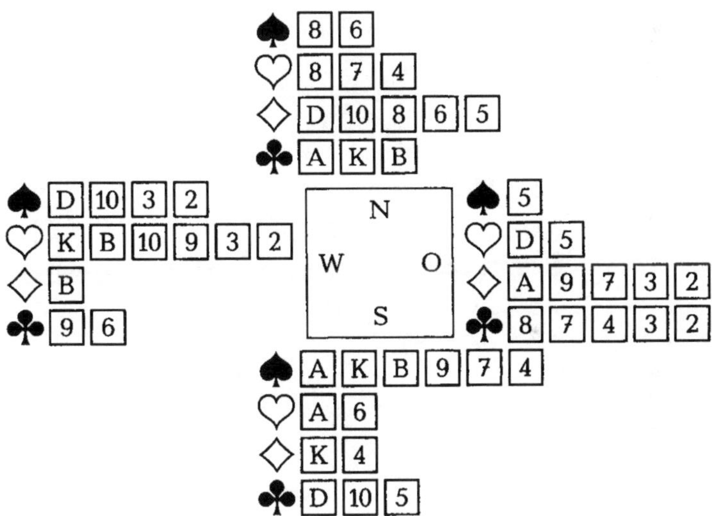

Wir spielen (jetzt nur noch rein theoretisch) unseren single Karo Buben gegen 4 Pik von Süd aus. Süd flippt zum dritten Mal aus, denn Ost nimmt mit Karo As und gibt uns einen Karo-Schnapper.

Wie geht's aber weiter? Ost hat uns mit dem Rückspiel der Karo 7 angedeutet, daß wir Coeur zurückspielen können (Lavinthal), was wir auch tun. Der Alleinspieler nimmt mit dem Coeur As, zieht zwei Runden Trumpf, geht mit Treff an den Tisch und spielt Karo Dame, auf die er aus der Hand den Coeur-Verlierer „putzt". Wir können mit unserer Pik Dame zwar stechen, aber der Kontrakt ist gewonnen. Außer Karo As und zwei Schnappern haben wir nichts geerbt. Hätten wir nicht mit single Karo, sondern mit dem guten Coeur Buben (VIER TRÜMPFE HAST DU, HÖR MAL ZU: SPIEL AUS WIE GEGEN SANS ATOUT, vgl. Kap. 23) angegriffen, dann hätten wir zwei Pikstiche, einen Coeur-Stich und das Karo As gewonnen = 1 down.

Und weshalb durften wir in dieser Hand nicht unser Single ausspielen?

3. Weil wir selbst vier Atouts hatten, an deren Spitze zwei wahrscheinliche „Naturstiche" – D und 10 hinter A K B x x x – standen. Mit den guten Trümpfen, die wir ohnehin als Stiche heimgetragen hätten, mußten wir jetzt Karo stechen, wobei der Alleinspieler beim zweiten Schnapper seinen Coeur-Verlierer abwerfen konnte (loser on loser). Wiederum haben wir nichts gewonnen und unseren Zeitvorsprung verloren.

Aus alledem geht hervor: selbstverständlich werden wir auch in Zukunft hie und da unser Single ausspielen, aber wir werden es wesentlich seltener tun als bisher, und wenn wir es tun, dürfen wir es nicht so kritiklos und automatisch herausziehen und auf den Tisch schmeißen, sondern werden vorher genau prüfen,

1. ob wir nicht selbst ZU STARK sind, so daß der Partner gar nicht drankommen *kann*, um uns den oder die ersehnten Schnapper zu geben;

2. ob wir es nicht verhindern können, daß der Gegner unsere TRÜMPFE ABZIEHT, bevor wir sie verschnappen können;

3. ob wir nicht ZU STARK IN TRUMPF sind, so daß der oder die Schnapper keine zusätzlichen Stiche bringen, sondern nur solche, die wir ohnehin gemacht hätten.

(Falls der Partner die Farbe unseres Singles gereizt hat, spielen wir es natürlich ohne diese Prüfung aus, das ist klar.) Eine ideale Hand für einen Single-Karo-Angriff gegen 4 Pik von Süd wäre diese:

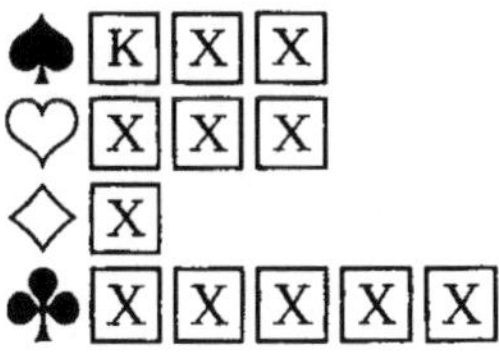

Prüfung:

1. wir sind schwach, Partner kommt bestimmt ein- oder zweimal dran.

2. mit Trumpf K x x bremsen wir voraussichtlich die Trumpflawine frühzeitig.

3. unsere Trumpfhaltung ist nicht zu lang und wir können wahrscheinlich einen oder zwei kleine Trümpfe verschnappen, die uns sonst der Alleinspieler abziehen würde.

Jetzt werden wir unser Single Karo ausspielen, aber – wie gesagt – erst, nachdem wir einen Augenblick überlegt und dabei bedacht haben:

DAS SINGLE **STETS** VERLOCKEN TUT,
WER'S AUSSPIELT, **OFT** VERZOCKEN TUT.

KAPITEL 25

Wer sein Single spielt im Schlemm, der ist arm – oder plemm-plemm.

(Ausspiel gegen Farb-Klein-Schlemm)

West hält:

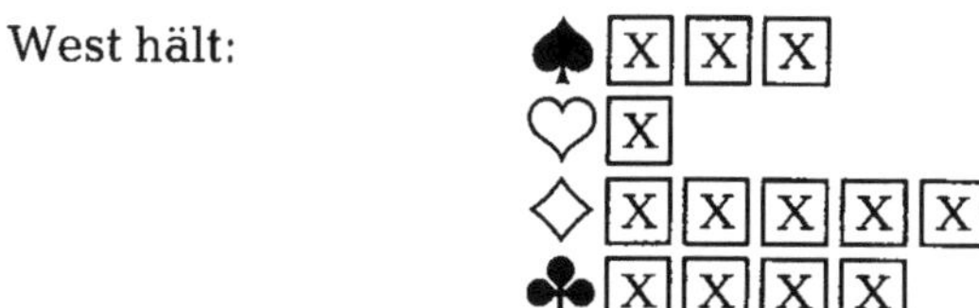

Süd ist Alleinspieler in 6 Pik geworden, gegen die West (wir) ausspielen darf. Wir werden alle unser single Coeur ausspielen, und das ist gut so. Wir sind so bettelarm, daß wir hier folgende Überlegung anstellen können: es wäre möglich, daß der Partner Coeur As hat, dann schlagen wir Sechs Pik wahrscheinlich nur mit diesem Angriff. Auch wenn der Partner Ost das Pik As hat oder wenigstens den zweiten Pik-Stich gewinnen kann (wenn er z.B. mit Pik K x hinter dem As des Tisches sitzt oder der Alleinspieler seine double Pik Dame nicht findet), können wir noch Sechs Pik schlagen, weil wir mit unserem dritten Trumpf noch den Coeur-Schnapper bekommen werden. Weil wir ARM waren, haben wir unser Single ausgespielt. ARM bedeutet in diesem Zusammenhang, daß wir *keinen Stich* haben und nicht einmal eine große Wahrscheinlichkeit sehen, einen Stich zu machen. Dagegen:

Kurz vor Spielende – es ist die 87. Minute – wird Mittelstürmer Wadenstramm vom VfB Haudaneben beim Spielstand von 0:0 im

Strafraum der Holzhacker Kickers von deren linkem Verteidiger Sichelbein umgemäht. Ein böses Foul, und der Schiedsrichter pfeift sofort und deutet auf den Elfmeterpunkt. Wadenstramm, der nahezu unfehlbare Elferschütze des VfB, tut etwas Absurdes: er rappelt sich auf, rennt zu Sichelbein und haut ihm eine in die Knochen. Schiedsrichter Redlich zeigt ihm natürlich die Rote Karte und er muß vom Platz. Der Ersatzschütze – Libero Niedermacher – schießt den fälligen Strafstoß in die Wolken. Im Gegenzug heißt es 1:0 für die Kickers. Kurz darauf pfeift Redlich die Begegnung ab. Wadenstramm ist plemm-plemm, darüber besteht nicht der geringste Zweifel.

Oder: Der Austragsbauer Korbinian Moosgruber sitzt daheim in der Küche vor seinem Brotzeitteller. Es gibt ein Schwarzgeräuchertes und ein Geselchtes. Die Stubenfliege Susi CCXXXIV. dagegen sieht in der Mitte der Küche eine köstliche Mahlzeit von der Decke hängen, 80 cm, goldgelb, und fliegt hin. Die vermeintliche Speise entpuppt sich als ganz ordinärer Fliegenfänger. Susi ist empört und will wieder wegfliegen, vielleicht in den Kuhstall oder so. Aber es geht nicht mehr. Sie sitzt fest. Da tut Moosgruber, der das Ganze genau beobachtet hat, etwas Absurdes: er greift zur Fliegenklatsche und schlägt nach Susi. Das Ergebnis: er haut knapp daneben, aber durch den Luftzug und die Erschütterung kommt Susi vom Leim los und fliegt fröhlich davon, das leichtsinnige Ding. Die Fliegenklatsche aber reißt den Fliegenfänger von der Decke. Klatsche, Fänger, Geselchtes und Schwarzgeräuchertes liegen in einem unappetitlichen Durcheinander auf Korbinians Teller.

Kein Zweifel, Korbinian Moosgruber ist plemm-plemm.

Oder:

West sitzt mit

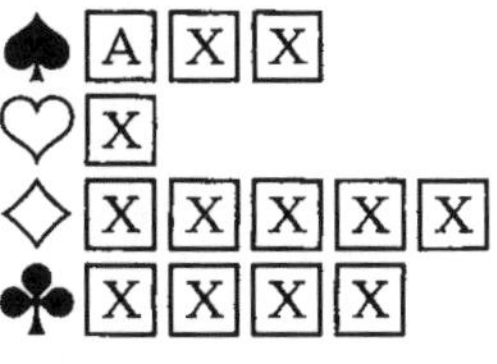

da und darf gegen 6 Pik von Süd ausspielen. Er spielt sein single Coeur aus. West ist ohne jeden Zweifel plemm-plemm.

Der Sinn des Single-Ausspiels besteht doch *immer und ausschließlich* darin, sofort oder im weiteren Verlauf des Spiels vom Partner einen Schnappstich in der ausgespielten Farbe zu erhalten. Dazu *muß* aber der Partner zu *Stich* kommen, anders geht es einfach nicht. Ist der Partner aber bei Stich, dann ist der Schlemm auch ohne unseren Schnappstich einmal down, denn Partners Stich plus unser Trumpf As sind ja schon die benötigten zwei Stiche. Unser Single-Ausspiel ist also ebenso überflüssig und absurd wie Wadenstramms Fußtritt oder Moosgrubers Schlag mit der Klatsche.

Und die Folgen für unsere Seite können ebenso verheerend sein wie für den VfB Haudaneben oder den Brotzeitteller, für die gegnerische Seite dagegen ebenso glücklich wie für die Kickers oder Susi, die 234.:

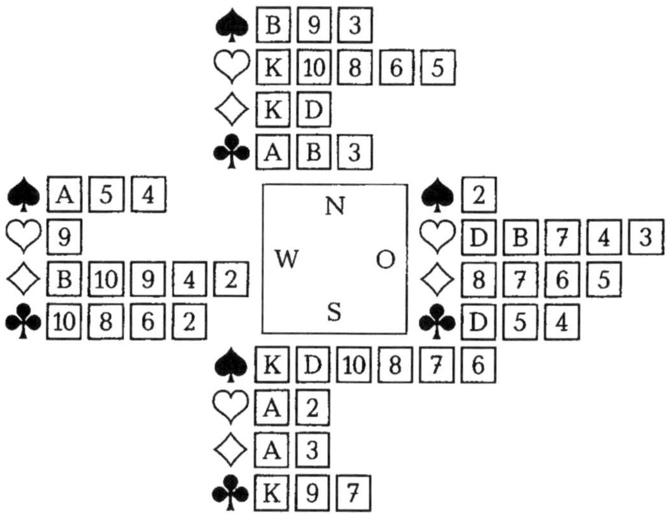

West ist plemm-plemm und spielt gegen Sechs Pik von Süd die Coeur 9 aus. Der Alleinspieler heckt zunächst einmal einen Spielplan aus und deckt dann die Coeur 9 mit der 10 des Tisches. Ost muß eine Figur (Dame oder Bube) einsetzen, sonst hat Süd später einen Abwurf (Treff-Verlierer) auf Coeur K des Tisches. Süd übernimmt die Figur von Ost mit dem As und spielt Trumpf. West darf irgendwann sein Trumpf-As machen und spielt Karo B zurück, den der Alleinspieler in der Hand mit dem As nimmt, um die restlichen Trümpfe zu ziehen. Dann spielt Süd klein Coeur zum K des Tisches und setzt mit der Coeur 8 fort, die Ost decken muß (sonst Abwurf). Süd sticht und geht mit Karo an den Tisch, um Coeur 6 zu spielen. Ost deckt mit der 7, Süd trumpft abermals. Schließlich geht Süd mit Treff As zum Tisch und spielt die nunmehr wirklich hohe Coeur 5, auf die er aus der Hand die Treff 7 abwirft.

Ohne Wests (absurdes und überflüssiges) Single-Ausspiel wäre Süd mit Sicherheit down gegangen. Statt auf die lächerlich minimale Chance zu spielen, daß Coeur D und B bei Ost und die Coeur 9 blank bei West stehen, hätte er ohne jeden Zweifel auf die gute Chance gespielt, das fünfte Coeur des Tisches hochzuspielen. Diese Chance beträgt nicht weniger als 84% (die 3-3-Verteilung hat 36%, die 4-2-Verteilung 48%). Süd hätte also, nachdem er die gegnerischen Trümpfe abgezogen hat, Coeur As aus der Hand gespielt, wäre mit dem zweiten Coeur zum König des Tisches gegangen und hätte die Bescherung gesehen. Mit 10 8 6 des Tisches gegen D B 7 bei Ost bekommt er keinen Abwurf. Deshalb hätte er nun den Treff-Schnitt gegen die Dame bei West probiert oder einen Squeeze-Versuch gegen Ost unternommen. Beides geht aber, wie man sieht, in den Eimer, weil Ost die Treff D (Schnitt) und West die Treff 10 (Squeeze) hat.

Der Leser möge die skurrilen Beispiele Wadenstramm und Moosgruber verzeihen. Sie sollten uns nur das Absurde und Überflüssige des Single-Ausspieles vor Augen führen, wenn wir gegen Schlemm ausspielen dürfen und einen sicheren Stich in der Hand halten. Denn es gibt für den Single-Angriff gegen Schlemm nur zwei Möglichkeiten:

WER SEIN SINGLE SPIELT IM SCHLEMM,
DER IST ARM – ODER PLEMM-PLEMM.

Eine dritte Möglichkeit gibt es nicht.

KAPITEL 26

Passives Ausspiel in Sechs Ohne hilft dem Gegner nicht die Bohne.

(Ausspiel gegen 6 SA)

Die Reizung ging zum Beispiel so:

SÜD	NORD
2 SA	4 SA*
6 SA	

*) quantitativ

oder

SÜD	NORD
1 SA	2 ◇*
2 SA	6 SA

*) Forcing Stayman

Gegen Sechs Sans-Atout von Süd spielt West am besten nacheinander seine beiden Asse oder As, König derselben Farbe ab. Nur hat man in den seltensten Fällen zwei Asse oder A, K in einer Farbe, wenn die Gegner beschlossen haben, Sechs Ohne zu spielen.

Auch mit einer Hand wie dieser:

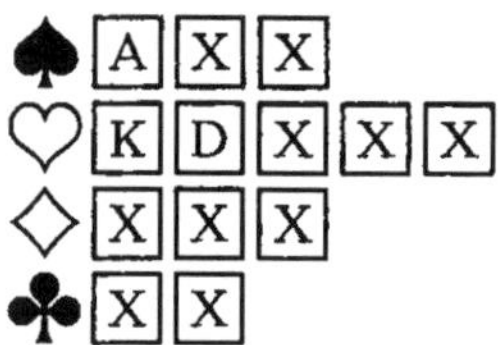

wird West gegen 6 SA noch aggressiv den Coeur König ausspielen. Das Prinzip ist klar: wir wollen, um 6 SA zu schlagen, möglichst schnell und schmerzlos zwei Stiche gewinnen. Z w e i ! Aber auch eine solche Hand wird man nicht oft haben, wenn Nord-Süd 6 SA spielen wollen.

Viel wahrscheinlicher ist es, daß wir auf West beispielsweise so etwas haben:

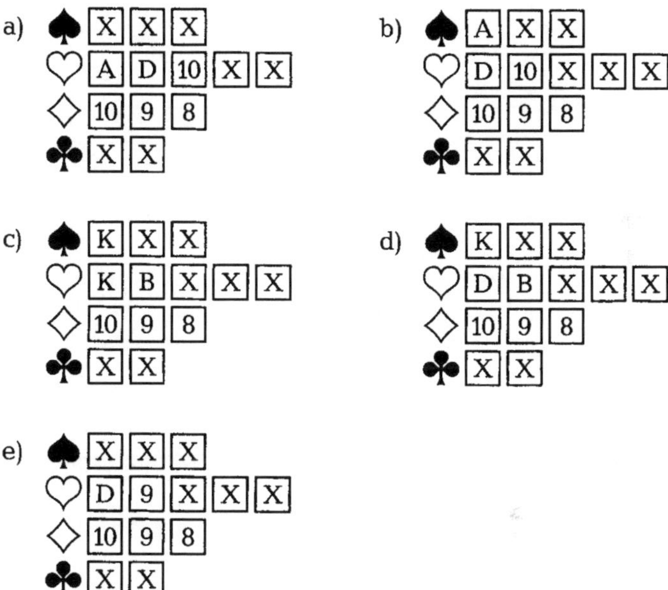

Man kann es oft erleben, daß West mit einer dieser Hände gegen *6 SA* von Süd die viert- oder fünfthöchste Coeurkarte ausspielt, also aggressiv angreift wie gegen *Drei Sans-Atout*. Und das ist verkehrt.

Weshalb greifen wir denn gegen 3 SA von unserer Fünferlänge an? Die Antwort liegt auf der Hand: wir wollen unseren vielen kleinen Coeurkarten zum Durchbruch verhelfen und möglichst viele

Stiche damit erzielen. Dabei nehmen wir das Risiko in Kauf, dem Alleinspieler möglicherweise einen frühen Stich zu schenken, denn diese Investition bringt reiche Dividende in Form der drei oder vier Coeurstiche, die wir später kassieren:

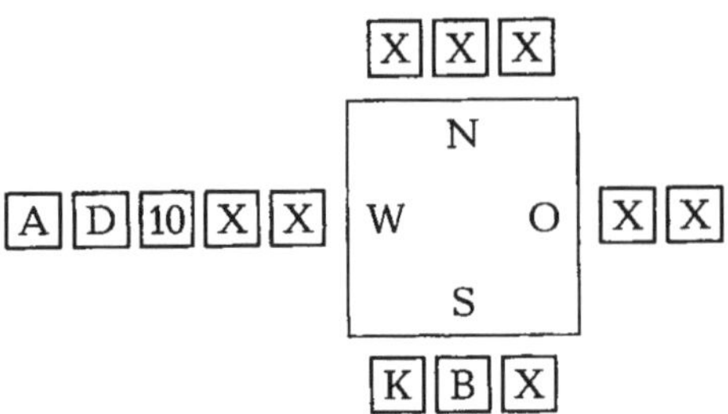

Gegen *3 SA* überlegen wir uns, wer wohl den Coeur König haben dürfte (STEHT LINKS ER, MIT DER DAME STARTE, STEHT RECHTS ER, SPIEL 'NE KLEINE KARTE , siehe Kap. 17 b) und spielen dann ein kleines Coeur aus. Falls der Partner schnell zu Stich kommt, machen wir in 3 SA fünf Stiche = 1 Faller.

Gegen *6 SA* dürfen wir so nicht denken, sondern so:

- erstens wollen wir nur zwei Stiche machen, nicht fünf;
- zweitens kommt der Partner mit Sicherheit nicht zu Stich, wenn wir mit obiger Hand klein Coeur ausgespielt haben (Ost hat höchstens zwei Punkte);
- drittens schenken wir dem Südspieler einen Coeurstich, den er ohne unser Ausspiel nie hätte machen können. Vielleicht – nein, wahrscheinlich – ist das genau der 12. Stich, den der Alleinspieler händeringend benötigt.

Aus diesen Überlegungen heraus werden wir gegen 6 SA so gut wie immer ein passives Ausspiel wählen oder jedenfalls ein Ausspiel, mit dem wir dem Alleinspieler keinesfalls einen Stich zu schenken riskieren. In den gezeigten Händen a) bis e) wäre das passive und empfehlenswerte Ausspiel die Karo 10. Falls wir mit diesem Ausspiel beim Partner eine Figur herausholen (das wäre überhaupt nur im Beispiel e) möglich), können wir uns mit dem

Gedanken trösten, daß diese Figur sowieso im Schnitt saß und unser Ausspiel nicht wirklich einen Stich verschenkt hat.

An dem Prinzip, gegen 6 SA passiv auszuspielen, sollten wir praktisch nie rütteln. Eine Ausnahmesituation ist immerhin denkbar, in der wir gegen Sechs Ohne aggressiv und mit dem Risiko einer Stichvergabe ausspielen sollten:

Die Reizung verlief nämlich so:

f)	SÜD	NORD
	3 SA*	6 SA

*) „Gambling" 3 SA mit einer „stehenden" Unterfarbe A K D X X X X ohne besondere Zusatzwerte.

oder

g)	SÜD	NORD
	2 ♠	3 ♣
	3 ♡	4 ♣
	4 SA	5 ♢
	6 SA	

Wir halten auf West:

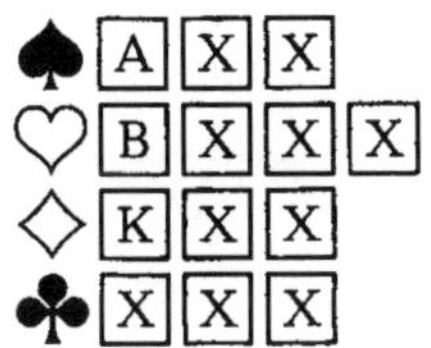

Angesichts der gegnerischen Reizung ist der „angerissene" 6-SA-Kontrakt offensichtlich eine Flucht nach vorn: im Fall f) hat Süd eine ellenlange Treff-Farbe und im Fall g) Nord. Es handelt sich hier um einen sog. unausgeglichenen Klein-Schlemm, bei dem die lange Treff-Farbe wahrscheinlich sieben Stiche produzieren wird. Die restlichen fünf kommen aus den Oberfarben, nachdem unser Pik As herausgetrieben worden ist. Hier ist der aggressive Karo-Angriff unter dem König (!) sehr zu empfehlen. Das Risiko, dem Alleinspieler damit ausgerechnet den verzweifelt benötigten 12. Stich zu schenken, ist relativ gering. Wesentlich wahrscheinlicher ist, daß der Alleinspieler auch ohne Karo genügend Stiche hat, nachdem unser Pik As aus dem Weg geräumt ist. Hier greifen wir deshalb aus der gleichen Überlegung wie in Kapitel 19 (ZEIGT DER GEGNER GROSSE STÄRKE, GEHE AGGRESSIV ZU WERKE) klein unter Karo König an, weil wir uns in allerhöchster Zeitnot befinden. Wenn unsere liebe Partnerin wirklich die Karo Dame hat, haben wir mit diesem Angriff, und *nur* mit diesem Angriff, 6 SA geschlagen.

Die ganze Hand f)

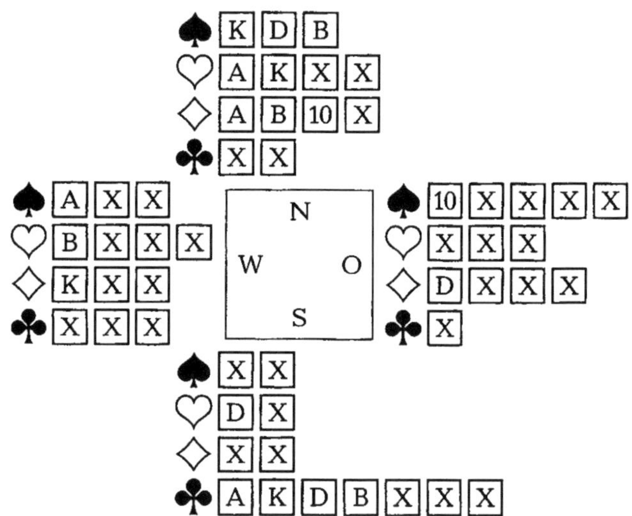

Ohne Karo-Angriff: 12 Stiche (ganz gleich, wo Karo D sitzt). Mit Karo-Angriff: 11 Stiche.

Die ganze Hand g)

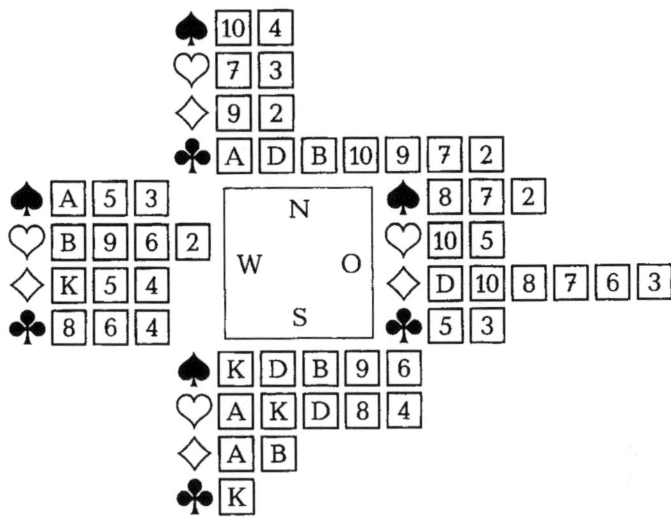

ohne Karo-Angriff:
12 Stiche (ganz gleich, wo Karo D sitzt). Mit Karo-Angriff: 11 Stiche.

Dies ist aber, wie schon einmal gesagt, nur die Ausnahme, die für „unausgeglichene" 6-SA-Kontrakte gilt.

Gegen alle „ausgeglichenen" 6-SA-Kontrakte halten wir uns möglichst stur an die Regel:

PASSIVES AUSSPIEL IN SECHS OHNE
HILFT DEM GEGNER NICHT DIE BOHNE.

KAPITEL 27

Den Partner schwer schockiert, wer sich nicht entblockiert.

Ostler und Westermann sind Doppelpartner im Tennis. Sie spielen gegen Nordhoff/v. Sydow. Westermann macht einen Kanonenaufschlag, den v. Sydow nur mit Mühe und ziemlich kurz und hoch retournieren kann, so daß Westermann vom Half-Court aus den Ball, für beide Gegner unerreichbar, in die entfernte, ungedeckte Ecke schmettern könnte, wenn, ja wenn Ostler nicht im Wege stünde. Statt sich tief zu ducken oder zur Seite zu springen, steht er gedankenverloren herum und blockiert Westermanns Schuß mit dem Körper. Erstens tut das gemein weh und zweitens geht der Punkt an Nordhoff/v. Sydow. Ostler muß offenbar noch Doppeltaktik lernen, obwohl er sonst ein ganz brauchbares Tennis spielt.

Ähnliches passiert oft, wenn West gegen 4 Pik von Süd den Coeur König ausspielt. Ost sieht:

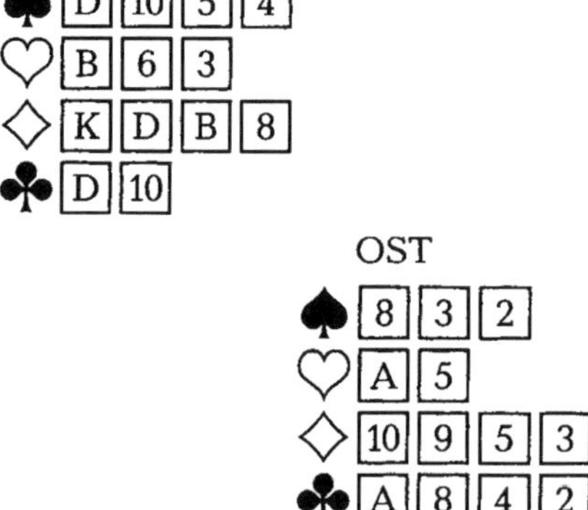

West hat mit Coeur König ein Kanonenausspiel gemacht, das den Kontrakt zu Fall bringen dürfte, falls Süd drei Coeurkarten hat und Ost nicht gedankenverloren herumsteht, sondern zur Seite springt: er übernimmt Wests König mit dem As und spielt Coeur 5 zurück. West gewinnt mit der Dame und spielt die dritte Coeurrunde. Ost trumpft und „macht" später (oder gleich) noch das Treff As. Hätte Ost nur so herumgestanden und auf Wests Coeur König die 5 gegeben, dann hätte er die Coeurfarbe im zweiten Stich mit seinem As blockiert. Süd gewinnt Osts Karo-Rückspiel mit dem As, zieht alle Trümpfe und wirft auf eine der hohen Karokarten des Tisches seinen dritten Coeur-Verlierer ab: Spiel und 1. Satz für N/S.

Oder: West greift gegen 3 SA von Süd mit Pik B an. Ost sieht:

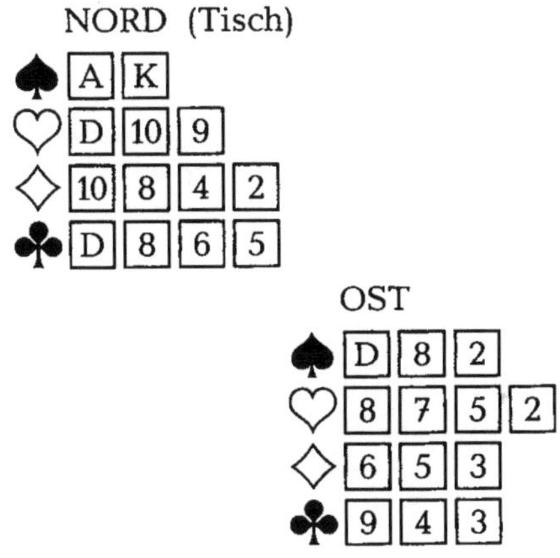

Der Alleinspieler gibt vom Tisch den König und Ost signalisiert positiv mit der Pik 8 (Foster Echo). West kommt schon bald mit dem Coeur As zu Stich und spielt klein Pik zurück. Spätestens jetzt muß Ost sich unter Netzhöhe ducken oder zur Seite springen: Pik Dame wird unter das As gefeuert, sonst blockiert sie Partners restliche

Pikschmetterbälle. Die ganze Hand könnte so ausgesehen haben:

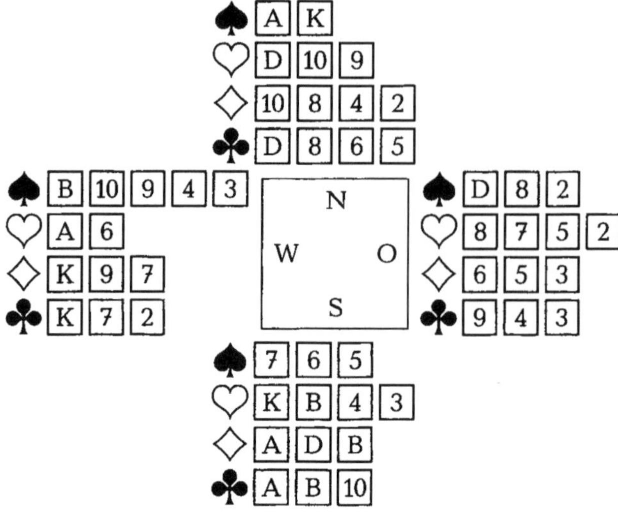

Der Alleinspieler ist hilflos, wenn Ost sich entblockiert, denn dann verliert er Coeur As, einen Unterfarben-König und drei Pikstiche.

Dagegen ist West sprachlos und schockiert, wenn Ost sich nicht entblockiert. Wenn er mit einem der beiden Unterfarbenkönige zu Stich kommt und die dritte Pikrunde spielt, blockiert Ost zwei weitere Pikstiche in Wests Hand, und der Alleinspieler geht mit: zwei Pikstichen, drei Coeurstichen, drei Stichen in der einen Unterfarbe und dem As der anderen = 9 Stichen unangefochten nach Hause.

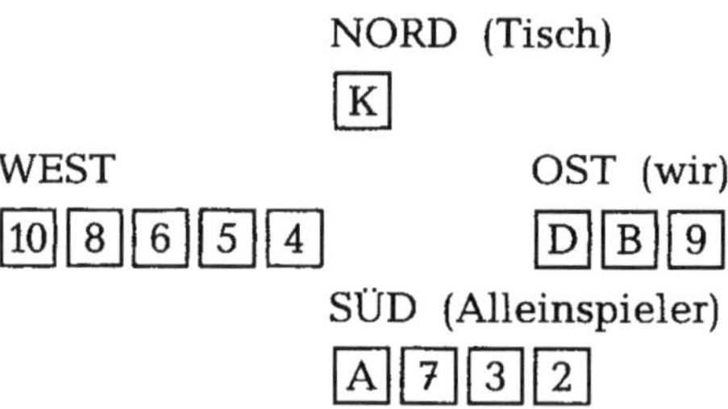

West spielt gegen Süds 3 SA die 5 dieser Farbe aus. Der Tisch muß den blanken König spielen.

1. Alternative: Ost gibt gedankenverloren die 9. West, mit einem seiner beiden Entrees bei Stich, spielt die 4 dieser Farbe nach. Süd nimmt den Stich mit dem As und treibt jetzt Wests zweites und letztes Entree heraus. Mit der Dame blockiert Ost weitere Stiche für West. Falls Süd etwas vorsichtiger spielt und die zweite Runde dieser Farbe nicht mit dem As gewinnt, und auch die dritte verweigert, ist derselbe Effekt da: Ost kann diese Farbe nicht mehr weiterspielen und hat dadurch, daß er sich nicht entblockiert hat, den wertvollen Zeitvorsprung verschenkt, den West mit seinem Bombenaufschlag gewahrt hatte.

2. Alternative: Ost entblockiert sich schon beim ersten Stich auf den blanken König des Tisches, indem er D oder B drunterwirft. Wests späteres Rückspiel der 4 wird mit der anderen Figur genommen. Süd kann zwar einmal verweigern, aber das hilft ihm nichts: Ost spielt die entblockierte 9 nach, und falls Süd immer noch nicht das As einsetzt, übernimmt West die 9 mit der 10 und treibt jetzt Süds blankes As heraus. Mit seinem zweiten Entree bei Stich, kassiert West den letzten Stich in dieser Farbe = 1 Faller.

Die ganze Hand:

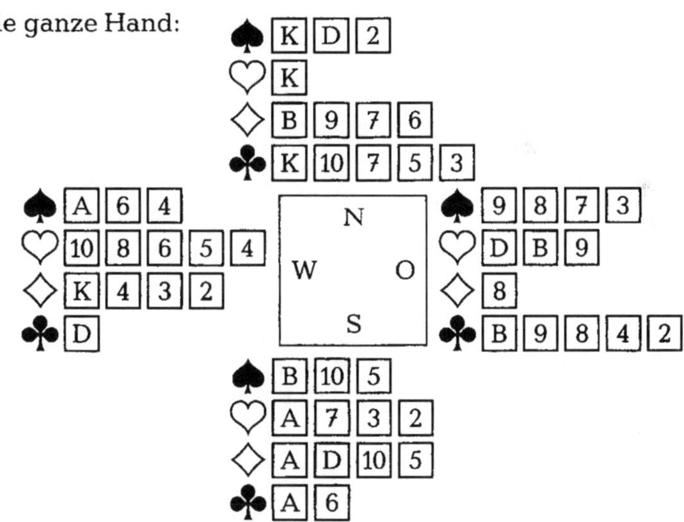

Wenn Ost sich nicht sofort entblockiert, macht Süd: zwei Pik-, zwei Coeur-, drei Karo- und zwei Treff-Stiche = 9.

Wenn Ost sich sofort entblockiert, machen Ost/West: Pik As, Karo König und drei Coeur-Stiche = 5.

Hier noch einige Beispiele dafür, wann Ost sich entblockieren muß: West spielt die Dame aus. Ost sieht:

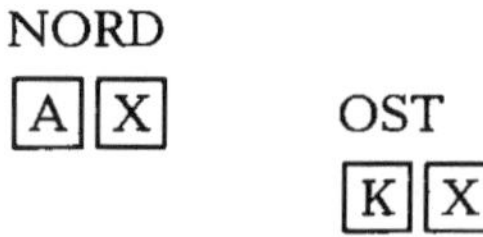

Der Alleinspieler setzt das As vom Tisch ein. Ost muß den König darunterwerfen.

West spielt die 5 aus (gegen 3 SA). Ost sieht:

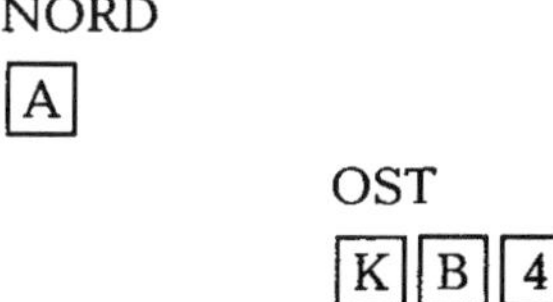

Ost muß schon beim ersten Stich anfangen, sich zu entblockieren, indem er den Buben unter das As des Tisches wirft.

West spielt gegen 1 SA von Süd das As aus. Ost sieht:

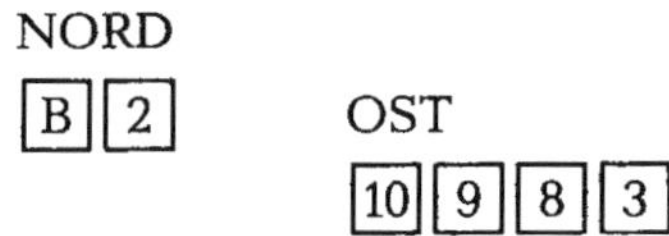

Ost sollte damit rechnen, daß West A K D x x in dieser Farbe hält und muß sich deshalb *sofort* mit der 8, 9 oder 10 entblockieren, anderenfalls stoppt er Partners Fünferlänge beim vierten Stich.

Wann also müssen wir uns entblockieren? Immer dann, so lautet die Antwort, wenn der Partner

a) gegen SA aggressiv mit einer kleinen Karte von einer langen

Farbe angegriffen hat, wir in dieser Farbe kürzer sind und befürchten müssen, ihm mit einer hohen Karte im Wege zu stehen,

oder

b) gegen SA oder Farbkontrakt eine Figur ausspielt, die uns stark vermuten läßt, er habe noch zwei weitere Figuren bzw. Karten *in Sequenz,* z.B. *das As* (siehe letztes Beispiel oben),

den KÖNIG (wir vermuten, der Partner habe von K D B oder K D 10 ausgespielt und entblockieren uns, wenn wir das double As (A x) haben)

die DAME (wir vermuten, der Partner habe von D B 10 ausgespielt und entblockieren uns, wenn wir K x haben oder auch, wenn wir A x haben und der König nicht am Tisch erscheint)

den BUBEN (wir vermuten, der Partner habe von B 10 9 ausgespielt und entblockieren uns bedingungslos mit D x oder D x x, aber auch mit K x, K x x oder A x, A x x, sofern am Tisch keine Figur erscheint. Auch mit A D, A K oder K D sollten wir uns schnellstens entblockieren).

Natürlich darf man nicht übertreiben und durch zu bedingungsloses Entblockieren dem Gegner einen Stich schenken, das ist klar. Aber frühzeitiges Entblockieren hat noch einen weiteren Vorteil: der Partner weiß ja nicht, wo die fehlenden Figuren stehen, und wenn wir uns entblockieren, dann zeigen wir sie ihm und ermutigen ihn damit, die Farbe weiterzuspielen, wenn er das nächste Mal zu Stich kommt. Zum Beispiel:

West spielt Coeur König gegen 3 SA aus.
Ost sieht:

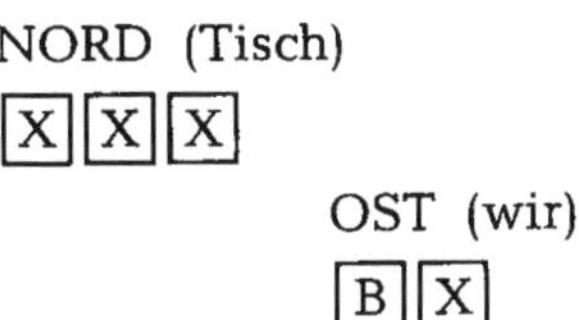

Wir sollten uns hier überlegen: West hat bestimmt von K D 10 x (x) ausgespielt. Wenn wir hier eine kleine Karte zugeben, erschweren wir dem Partner das Leben ungemein, denn falls Süd den Stich nicht nimmt, glaubt West wahrscheinlich, daß Süd mit A B x dasitzt und den sogenannten Bath Coup spielen möchte, d.h. auf das Rückspiel dieser Farbe von West wartet, um mit A B zwei Stiche zu machen. Auch wenn Süd gleich das Coeur As einsetzt, weiß West nicht, ob er die Farbe nachspielen kann, wenn er das nächste Mal zu Stich kommt, da Süd noch mit B x oder B x x dasitzen könnte. Deshalb werden wir uns auf Wests Coeur-König-Aufschlag sofort „entblockieren", indem wir den Buben spielen. West wird uns dankbar dafür sein, und nichts ist schöner im Bridgeleben als ein dankbarer Partner.

Das gleiche gilt auch für diese Situation:

West spielt den Coeur König aus.

NORD (Tisch)
X X X

OST (wir)
A X X

Falls wir klein bleiben, könnte West die gleichen Bath-Coup-Befürchtungen haben wie im vorigen Beispiel und deshalb die Farbe nicht nachspielen. Übernehmen wir aber Wests König mit dem As und spielen klein Coeur nach, befreien wir den Partner von allen Sorgen, und nichts ist erfreulicher im Bridgeleben als ein sorgenfreier Partner.

Und weil sich entblockieren und schockieren so schön reimt, werden wir uns diesen Vers besonders leicht einprägen:

DEN PARTNER SCHWER SCHOCKIERT,
WER SICH NICHT ENTBLOCKIERT.

KAPITEL 28

Von zwei Figuren deck' die zweite, sonst erlebst Du manche Pleite.

Uijuijuiii – mit diesem Ausruf will man im süddeutschen Sprachgebiet – und das reicht immerhin von Hof/Saale im Nordosten bis weit über Zürich hinaus im Südwesten – einer freudigen Überraschung Ausdruck verleihen.

Auch nördlich der Mainlinie sollte man auf Süd einmal am Tag herzhaft uijuijuiii rufen, das erfüllt die Seele mit Freude. Gelegenheit zu diesem Ausruf bekommt Süd genug, wenn er zum Beispiel Alleinspieler in 4 Pik ist. West greift mit der Treff 10 an.

Angriff: Treff 10

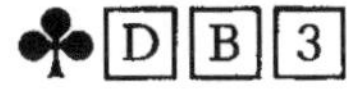

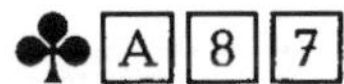

Süd, der diesmal keine Übergangsschwierigkeiten hat (vgl. Kap. 2), setzt vom Tisch die Treff Dame ein, die von Ost mit dem König gedeckt wird. Uijuijuiii! ruft Süd (wie immer nur in Gedanken), nimmt mit dem Treff As und impassiert später oder sofort gegen Wests Treff 9. Der Impass gelingt und er macht alle drei Treffstiche.

Leider, leider sitzen wir nicht auf Süd, sondern auf Ost, herrje. Als Ostspieler sollten wir aber jetzt nicht unseren Partner anmotzen: „Hör mal, warum hast Du überhaupt Treff 10 ausgespielt?" Wir riskieren mit dieser Frage nämlich, von West die einzig richtige und selbstbewußte Antwort zu bekommen: „Weißt Du, irgendwann muß das Spiel ja mal losgehen." Vielleicht hatte West keinen besseren, sondern nur schlechtere Angriffe. (Zugegeben, der Angriff mit 10 von 10 9 x x ist nicht gut. Wenn schon Treff, dann lieber ein kleines.) Statt also dem Westpartner diese Frage zu stellen, sollten wir uns lieber an der eigenen Nase zupfen, so klein sie auch sein mag, und uns dann endlich beim Partner für den Einsatz des Treff Königs im ersten Stich entschuldigen. Hätten wir die Treff Dame bei Stich gelassen, wäre gar nichts weiter passiert. Falls der Alleinspieler später vom Tisch spielen sollte, decken wir die *zweite* Figur mit unserem König und Süd muß einen Treffstich an die 9 des Partners verlieren. Wenn wir auf Ost in dieser Gegenspielsituation den König sofort auf die erste Figur geben, haben wir den falschen Bridge-Merkvers gelernt, der häufig zitiert wird: Dritter Mann, so hoch er kann. Dieser Vers stimmt zwar in vielen, aber beileibe nicht in allen Fällen. Dieser hier war einer davon; hier muß der dritte Mann klein bleiben.

Auch wenn wir in zweiter Hand sitzen und der Alleinspieler vom Tisch

NORD (Tisch)
D B 8

OST (wir)
K 7 4

die Dame oder den Buben vorlegt, werden wir von Ost nicht sofort den König geben. Der Grund dafür ist der: Süd und West haben beispielsweise

WEST (Partner)
10 6 5

SÜD (Alleinspieler)
A 9 3 2

Probieren wir es einmal durch:

Fall A: wir decken die Dame oder den Buben, jedenfalls die *erste* Figur, mit dem König. Süd gewinnt mit dem As und impassiert später gegen Partners 10 6 zu B 8 des Tisches. Er verliert keinen Stich in dieser Farbe.

Fall B: wir decken die erste Figur *nicht*. Falls nun der Alleinspieler die zweite Figur spielt, decken wir. Die Zehn unseres Partners macht einen Stich. Spielt der Alleinspieler dagegen klein vom Tisch, bleiben wir ebenfalls klein. Unsere Seite macht einen Stich (entweder mit Wests 10 oder Osts K).

Zwei Figuren bedeutet in diesem Zusammenhang nicht nur D B x, sondern auch B 10 x.

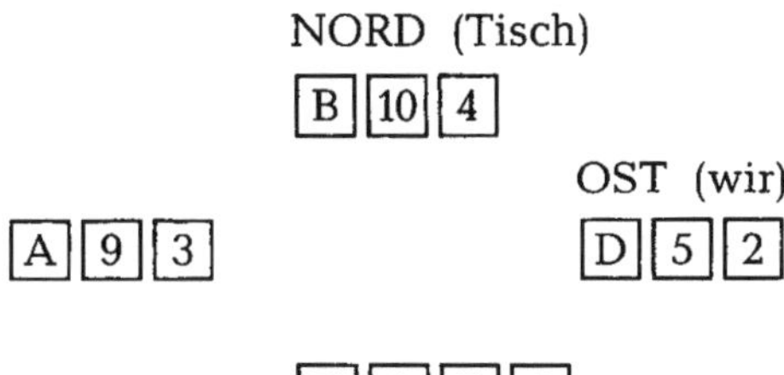

Fall C: wir decken den Buben des Tisches mit der Dame, der Alleinspieler gibt den König, Partner West das As. Später impassiert Süd mit 8 7 6 in der Hand gegen 9 3 bei West zu 10 4 des Tisches und verliert nur einen Stich. Schlecht.

Fall D: wir decken die erste Figur (B oder 10) *nicht*. West gewinnt mit dem As und spielt eine andere Farbe. Wird später die zweite Figur vom Tisch gespielt, decken wir mit der Dame. West macht daraufhin einen zweiten Stich in dieser Farbe mit der 9. Wird vom Tisch nicht die zweite Figur, sondern klein gespielt, bleiben wir ebenfalls klein. Entweder Wests 9 oder unsere Dame machen den zweiten Stich für unsere Seite. Gut.

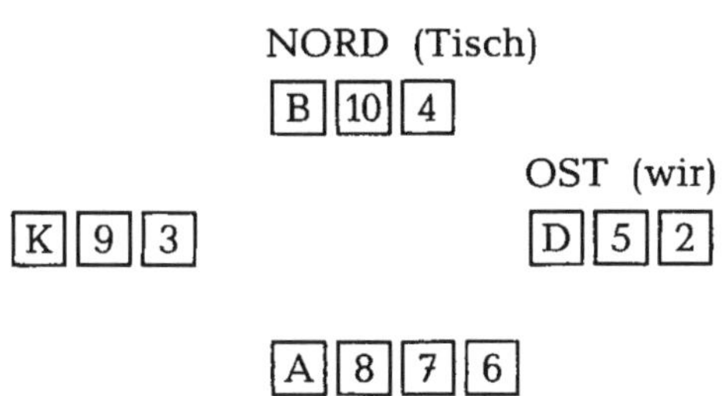

Vom Tisch wird die *erste* Figur vorgelegt.

Fall E: wir decken sofort mit der Dame. Süd gewinnt mit dem As und *expassiert* gegen Wests König zu 10 4 des Tisches. Er verliert nur einen Stich in dieser Farbe. Fatal.

Fall F: wir decken *nicht.* West gewinnt mit dem König. Wird später die *zweite* Figur vom Tisch gespielt, decken wir mit der Dame. Wests 9 macht den zweiten Stich. Spielt man dagegen klein vom Tisch, bleiben wir ebenfalls klein. Entweder Wests 9 oder unsere Dame machen den zweiten Stich für unsere Seite. Phänomenal.

Jetzt haben wir den König, was aber im Prinzip nichts ändert:

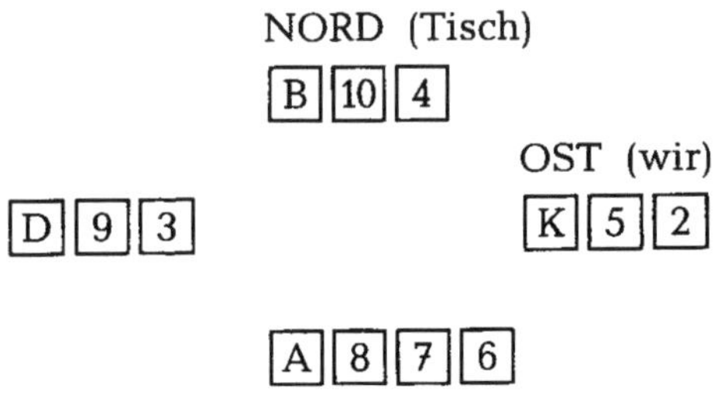

Fall G: ähnlich wie Fall E. Entsetzlich.
Fall H: ähnlich wie Fall F. Ergötzlich.
Überzeugt? Gut, dann:

VON ZWEI FIGUREN DECK DIE ZWEITE,
UND DU ERSPARST DIR MANCHE PLEITE.

Dasselbe Prinzip gilt auch dann, wenn die beiden Figuren in der verdeckten Hand des Alleinspielers stehen, was wir natürlich nicht *sehen,* wohl aber ahnen können. Wir sitzen nach langer Zeit wieder einmal auf dem Westsessel. Der Alleinspieler spielt aus der Hand den Buben oder die Dame.

NORD (Tisch)
A 7 6 3

WEST (wir)
K 5 2

Aus denselben Überlegungen wie in den vorangegangenen Beispielen und Fällen decken wir die erste Figur *nicht.*

Mit einer Einschränkung, allerdings. Falls Süd die *Dame* spielt und wir von Süd *wissen,* daß er ein ausgemachter Bridge-Ignorant ist und mit Sicherheit nicht den Merkvers des 3. Kapitels (LEERE DAME, LEER DAS AS, DA BRINGT NUR DER EXPASS WAS) beherrscht, sondern mit seinem Damespiel aus der Hand den untauglichen Impass-Versuch am untauglichen Objekt unternimmt, werden wir mit dem König decken.

Sitzt aber auf Süd ein halbwegs erfahrener Spieler, dann nehmen wir an, er habe in der Hand D *und* B und werden nicht decken. Da kann es einem allerdings passieren, daß man an einen ausgewachsenen Spitzbuben auf Süd gerät: aus irgendeinem Grund *weiß* er, daß wir auf West den König haben, nicht aber den Buben. Möglicherweise haben wir unsere Karten wieder mal allzu offenherzig gehalten, was wir uns unbedingt abgewöhnen müssen. Süd *weiß* also, daß wir den König haben und denkt: mit meiner leeren Dame in der Hand kann ich mit dem Expass (gegen Osts König) nichts erben. Die einzige Möglichkeit, hier einen Stich zu stehlen, sehe ich in einem Täuschungsmanöver. Ich spiele die Dame und tue so, als ob ich den Buben auch habe. Vielleicht deckt West nicht mit dem König. Und schon hat er uns auf's Kreuz gelegt, denn wir haben selbstverständlich nicht gedeckt. In so einem Fall bleibt uns nichts anderes übrig, als dem Spitzbuben Beifall zu zollen und in Zukunft unsere Karten ein bißchen körpernäher zu tragen.

Von dem Spitzbubenfall abgesehen, ist es aber gut und richtig, die Dame der geschlossenen Hand nicht zu decken, denn:

VON ZWEI FIGUREN DECK DIE **ZWEITE,**
SONST ERLEBST DU MANCHE PLEITE.

KAPITEL 29

Dritter Mann, so hoch er kann? (oft falsch)

Liegt am Tisch nur Schrott, spiel die Höchste flott! (immer richtig)

(Spiel in 3. Hand)

Der Urmerkvers „Dritter Mann, so hoch er kann" wird auch in abgewandelter, unpoetischer Form „Dritter Mann, so hoch er muß" zitiert. Beide Versionen haben den Nachteil, daß sie nicht immer stimmen und gelegentlich den dritten Mann veranlassen können, im richtigen Augenblick das Falsche zu tun:

NORD (Tisch)

♠ K X X

1. West spielt gegen 3 SA die Pik Dame aus. Ost sieht:

OST

♠ A X X

Der Alleinspieler bleibt am Tisch klein. Der Anfänger auf Ost hat mal gehört: Dritter Mann, so hoch er kann, und spielt das Pik As, was natürlich Unfug ist, weil er damit dem Tisch zu einem unverdienten Pikstich verhilft. Hier stimmt schon eher: Dritter Mann, so hoch er muß (damit der Dummy keinen Stich macht).

NORD (Tisch)

2. West spielt gegen 3 SA die Pik 4 aus. Ost sieht:

♠ 7 5 3

OST

♠ A 8 6

Der Alleinspieler gibt vom Tisch die Pik 7. „Dritter Mann, so hoch er muß" wäre hier von Ost die Pik 8, was ebenfalls Unfug ist. Hier muß Ost das As einsetzen. In diesem Fall stimmt wieder eher: „Dritter Mann, so hoch er kann." Im Fall 1 stimmt also der eine Vers nicht, und im Fall 2 stimmt der andere nicht. Der neue Merkvers stimmt dagegen in beiden Fällen und hat darüber hinaus den Vorteil, sich wieder zu reimen wie der Urvers. Im Fall 1 liegt *nicht* nur Schrott am Tisch, sondern der König. Also spielt Ost *nicht* das As. Im Fall 2 liegt wirklich nur Schrott am Tisch, und deshalb spielt Ost flott (= sofort) das As und Pik zurück. West wird's ihm danken.

NORD (Tisch)

West spielt gegen 3 SA den Pik Buben aus. Ost sieht:

♠ K 6

OST

♠ A 8 2

Der Alleinspieler ordert die Pik 6 vom Tisch. Ost gibt die Pik 8* und kommt nicht auf die Idee, etwa das As zu spielen. Tut er es, macht die Gegenseite zwei Pikstiche:

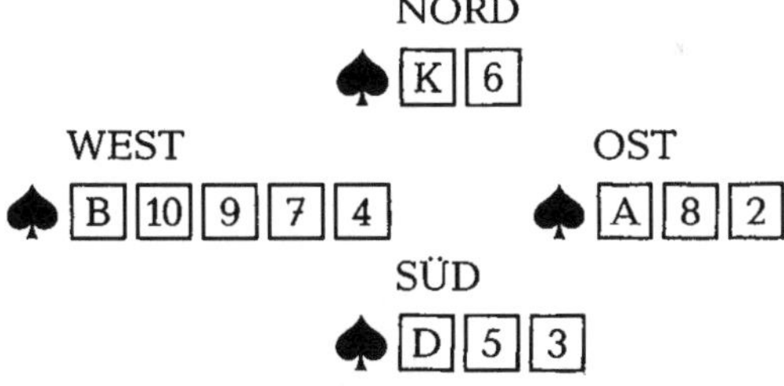

tut er es nicht, kann nur die Pik Dame einen Stich für den Alleinspieler machen.

*) „Foster-Echo", eine sehr empfehlenswerte Spezialmarkierung für den 1. Stich in SA: wenn der Partner erkennbar aggressiv von seiner Länge ausgespielt hat und er oder der Tisch den Stich soweit behält, gibt der 3. Mann seine zweithöchste Karte dieser Farbe zu.

West spielt gegen
3 SA die Pik 5 aus.
Ost sieht:

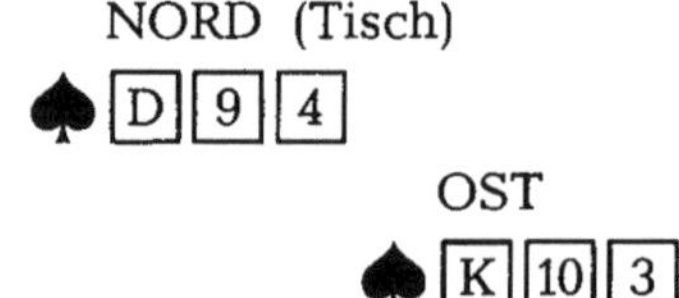

a) der Alleinspieler gibt vom Tisch die 9. Der dritte Mann (Ost) spielt die 10, denn am Tisch liegt nicht nur Schrott, sondern noch die Dame.

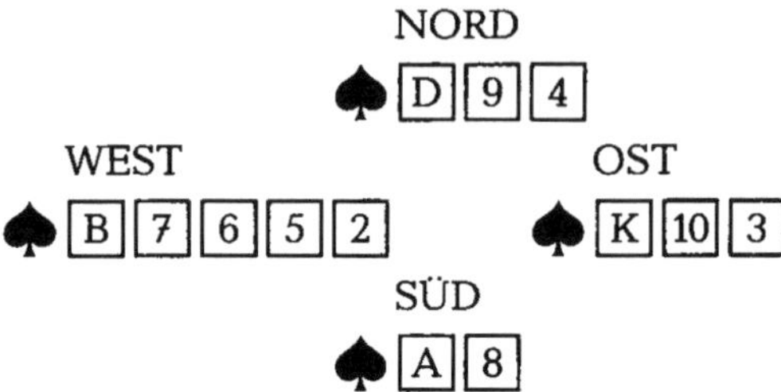

Süd kann nur einen Pikstich machen. Gibt Ost dagegen den König, macht der Alleinspieler zwei Stiche.
b) gleiche Situation wie a), nur mit dem Unterschied, daß der Alleinspieler die Dame vom Tisch einsetzt: jetzt, nachdem die Dame vom Tisch gespielt worden ist, liegt nur noch Schrott am Tisch. Deshalb geht Ost mit dem König drauf. Wieder kann Süd nur einen Pikstich machen.

West spielt gegen SA die
Pik 4 aus. Ost sieht:

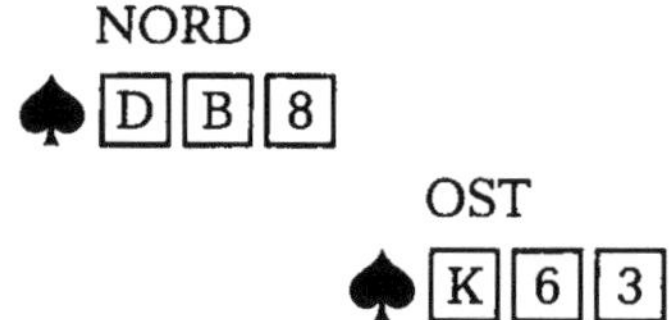

Der Alleinspieler setzt am Tisch den Buben ein. Hier stimmen gleich zwei Merkstrophen dieses Buches, während die anfangs zitierten Sprüche über die Pflichten des dritten Mannes beide versagen. „Von zwei Figuren deck' die zweite, sonst erlebst Du manche Pleite" (siehe dort, Kap. 28) und auch der hiesige: auch wenn eine Figur vom Tisch gespielt worden ist, ist der Tisch wegen der anderen Figur noch nicht schrottreif. Deshalb spielt Ost hier nicht den König, sondern klein:

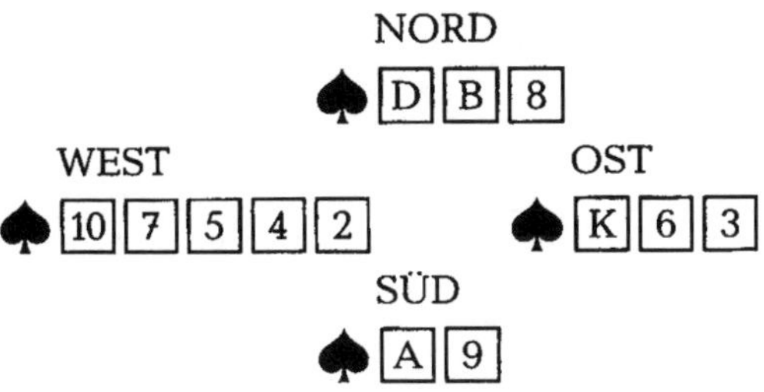

Wenn Ost auf die erste Figur des Tisches den König einsetzt, macht der Alleinspieler drei Stiche in dieser Farbe: er nimmt mit dem As und impassiert erfolgreich gegen Wests 10.

Wenn Ost klein bleibt, kann der Alleinspieler nur die zwei Stiche machen, die ihm dienstrangmäßig zustehen.

Die „Höchste" bedeutet allerdings nicht, daß Ost in dieser Schrott-Situation

NORD (Tisch)

West greift die 3 an, 7 6 5

OST

D B 8

die *Dame* spielt. Wenn man zwei (oder drei) aneinanderliegende Karten wie hier hat, sind sie spieltechnisch und kartenmathematisch *gleich hoch.* Der Bube ist also ebenso die „Höchste" wie die Dame. Um dem Partner zu zeigen, daß man beide hat, spielt man deshalb den Buben. Wenn der bis zum As bei Süd durchzieht, weiß der Partner, daß Ost auch die Dame hat:

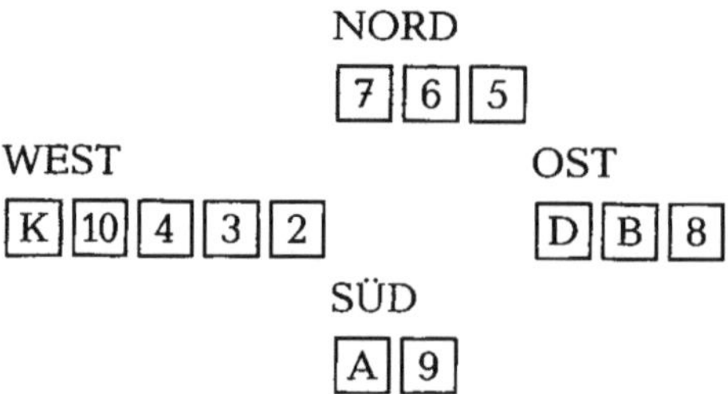

sonst hätte ja Süd den Stich mit der Dame genommen und nicht mit dem As. Gibt Ost dagegen die Dame im ersten Stich, dann muß West befürchten, daß die Karten so verteilt sind:

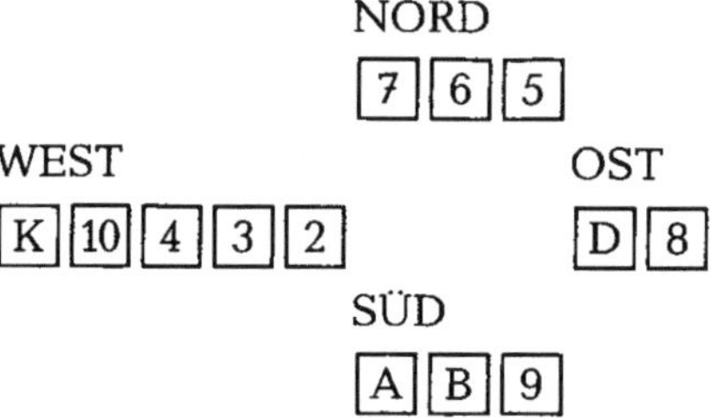

und wird aus diesem Grund die Farbe nicht nachspielen, wenn er das nächste Mal zu Stich kommt.

Mit diesen Gegenspielprinzipien haben überhaupt viele Bridgefreunde am Anfang einer erfolgreichen Karriere zu kämpfen:

Für das Gegenspiel in 1. Hand, also das *Ausspiel*, gilt: Von mehreren aneinanderliegenden Figuren spielt man die absolut höchste, also z.B.:

das As von A K x oder A K D,
König von K D B oder K D 10,
Dame von D B 10
Bube von B 10 9

und verspricht dem Partner weitere Figuren in *absteigender Sequenz.*

Für das Gegenspiel in 2., 3. und 4. Hand gilt dagegen: von mehreren aneinanderliegenden Figuren bzw. Karten spielt man die kleinste der Sequenz, also z.B.:

die 9 von B 10 9 oder 10 9

Zehn von D B 10 oder B 10

Bube von K D B oder D B

Dame von A K D oder K D

König von A K

und *verneint* damit weitere Figuren in *absteigender Sequenz.*

Das ist keine willkürliche Regelung, sondern birgt einen tieferen Sinn, wie wir schon bei der Situation

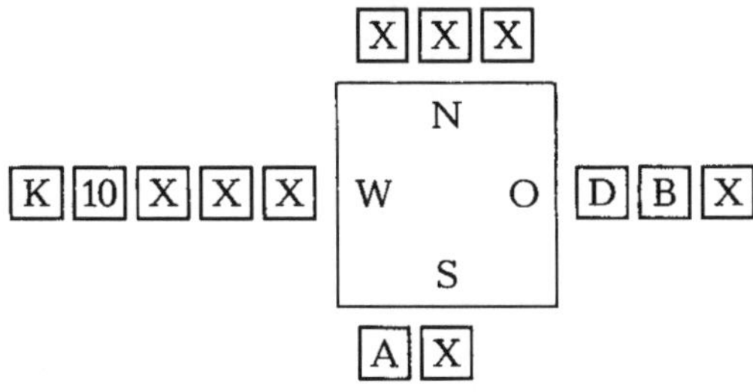

gesehen haben: wenn wir auf Ost nach Partners Ausspiel die Dame geben, weiß West, daß wir den Buben nicht haben. Geben wir dagegen den Buben, der vom Alleinspieler mit dem As genommen wird, dann weiß West, daß wir auch die Dame haben.

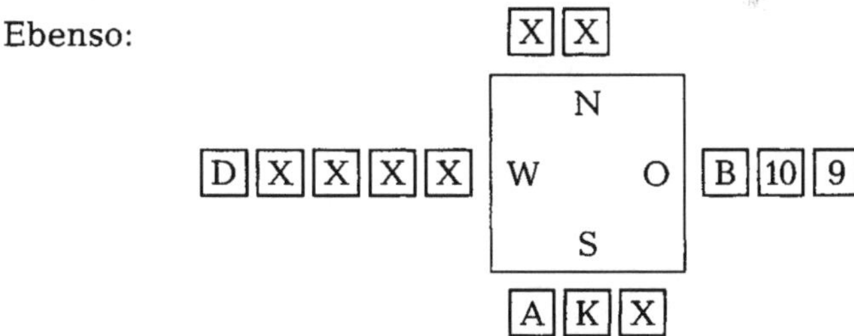

West spielt klein aus, Ost gibt die 9, die bis zum König des Alleinspielers zieht. West *weiß,* daß Ost 10 *und* Bube hat, sonst hätte Süd den Stich mit einer dieser beiden Karten gewonnen. Kommt West zu Stich, kann er mit diesem Wissen vertrauensvoll die Farbe weiterspielen. Gibt Ost dagegen den Buben, dann *verneint* er den Besitz der *Zehn* und die Karten sind dann so verteilt:

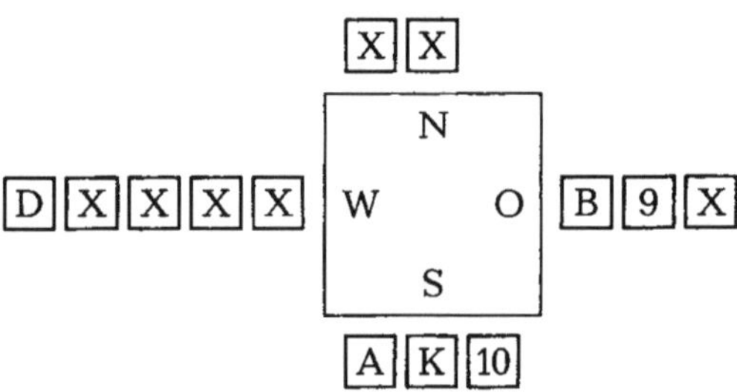

Wenn West zu Stich kommt, kann er die Farbe nicht weiterspielen ohne Süd einen Stich zu schenken, und welcher West will das schon.

Daher ist die „Höchste" für den dritten Mann, um den es in diesem Kapitel geht, wirklich nur dann die absolut Höchste, wenn es sich um eine alleinstehende Figur handelt. Bei einem aneinanderliegenden Pärchen wie A K, K D, D B, B 10 oder 10 9 ist die Höchste jeweils die kleinere Karte der beiden, und bei einem flotten Dreier A K D, K D B, D B 10 oder B 10 9 ist es die dritte.

Und die spielen wir, wenn der Partner eine Farbe ausspielt und in dieser Farbe nur kleine Karten am Tisch erscheinen, denn

LIEGT AM TISCH NUR SCHROTT,
SPIEL DIE **HÖCHSTE** FLOTT!

KAPITEL 30a

Ein Single liegt am Tisch, allein: Wach auf! Schlaf bitte jetzt nicht ein.

Der Partner blickt auf das Signal, das Du ihm gibst, nach Lavinthal!

(Gegenspiel Farbkontrakt)

Eine sehr häufige Gegenspielsituation, bei der im ersten Stich die Entscheidung über die ganze Hand fällt, ist die:

Wir sitzen auf Ost und unser Partner spielt gegen 4 Coeur von Süd das Pik As aus:

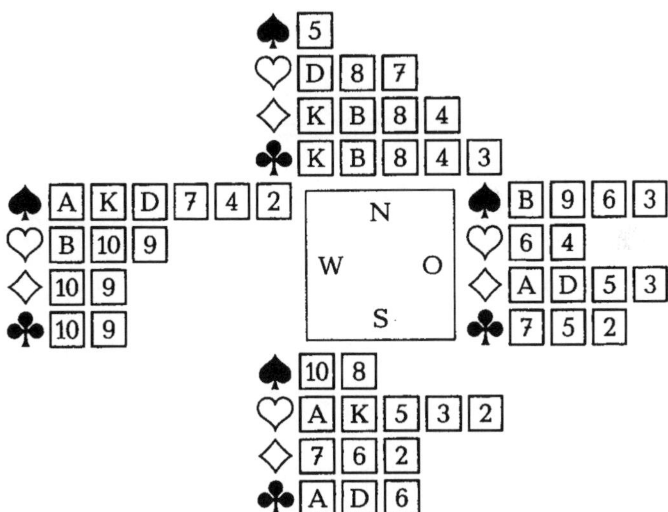

Dem Partner in dieser Situation eine Längen- oder sonstige Marke für die Pikfarbe als solche zu geben, ist beim Anblick des Tisch-Singletons in Pik überflüssig und sinnlos, denn mit einem solchen Signal *für Pik* könnte er nichts anfangen, da er Pik ohnehin nicht nachspielen kann noch wird. Wir wollen auf Ost vielmehr unbedingt, daß der Partner zum zweiten Stich KARO nachspielt, denn nur so können wir den Kontrakt schlagen bzw. in Gefahr bringen. Bei jedem anderen Spiel des Partners (Pik, Trumpf oder Treff) macht der Alleinspieler mühelos elf Stiche (5 Coeurstiche in der Hand, einen Pikschnapper am Tisch und 5 Treffstiche).

Woher weiß aber der arme West mit

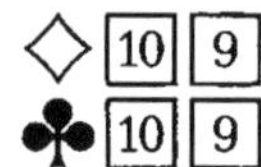

welche der beiden Unterfarben er nachspielen muß?

In entlegenen südlichen Freistaaten oder Alpenrepubliken soll es Ostspieler geben, die sich – natürlich nicht beim Bridge, sondern nur beim Watten oder Schaffkopfen – am linken Ohr kratzen oder leicht hüsteln, was KARO, oder am rechten Nasenflügel reiben bzw. verhalten grunzen, was TREFF bedeuten soll. Bei unserem edlen Spiel Bridge ist das selbstverständlich erstens verboten und zweitens auch ganz überflüssig, denn es gibt ein durchaus ehrliches Mittel, dem Westspieler klar und deutlich zu zeigen, was er spielen muß: LAVINTHAL.

Lavinthal, oder Suit Preference Signal, oder Vorzugsfarbenmarkierung bedeutet: wenn ich in einer bestimmten Farbe eine Karte zugeben oder ausspielen muß, eine Markierung für *diese* Farbe aber unnötig oder sinnlos ist, dann kann bzw. muß ich durch die Wahl der Karte (hoch, klein) dem Partner recht genau zeigen, welche *andere* Farbe er doch, bitte sehr, zum nächsten Stich spielen möge. Um im vorliegenden Beispiel das Karo-Nachspiel des Partners zu erzwingen, geben wir – weil ein Pik Single am Tisch liegt – von der Osthand den *Pik Buben* zu, also die *höchste* Pik-Karte, die wir haben. Das ist ein eindeutiger Befehl an den Partner: Spiele gefälligst die *höhere* der beiden in Frage kommenden Farben nach, nämlich KARO. Die Pik Neun wäre zwar auch schon ziemlich deutlich, aber warum sollen wir eigentlich flüstern, wenn wir brüllen können und dürfen?

Sähe dagegen die Sache so aus:

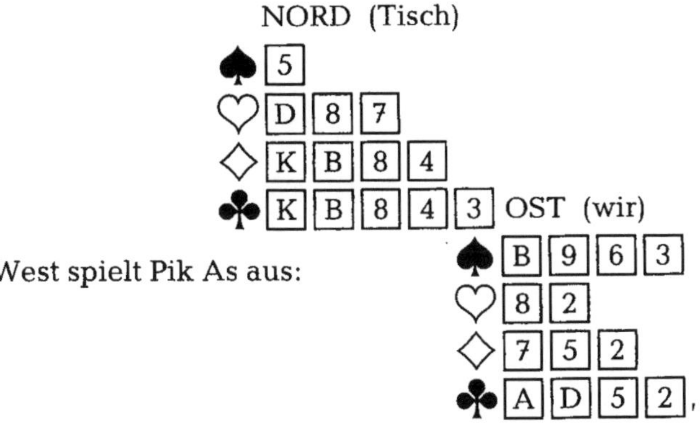

dann wollen wir auf Ost natürlich unbedingt das Treff-Nachspiel und geben den entsprechenden Befehl mit der Pik 3, der *kleinsten* Karte, die uns zur Verfügung steht.

Wichtig ist hier vor allem das eine: man muß einfach hellwach am Tisch sitzen und das Pik Single wirklich *sehen.* Selbst bei der dreiunddreißigsten Hand kurz vor Mitternacht gilt nämlich dieser Merkvers ohne jede Einschränkung:

EIN SINGLE LIEGT AM TISCH, ALLEIN:
WACH AUF, SCHLAF BITTE **JETZT** NICHT EIN!

DER PARTNER BLICKT AUF DAS SIGNAL,
DAS DU IHM GIBST, NACH **LAVINTHAL.**

KAPITEL 30b

Wenn Du dem Freund 'nen Schnapper gibst, zeig ihm das Rückspiel, das Du liebst:

Hoch oder niedrig, das ist wichtig, und wetten, er versteht Dich richtig?

Dies ist die zweite, gar nicht einmal so seltene Situation, in der wir dem Partner ein Lavinthal-Signal geben müssen:

Nach der Reizung

SÜD	NORD
1♡	2♢
3♢	3♡
4♡	–

sitzen wir zur Abwechslung auf West und dürfen mit dieser Hand ausspielen:

♠ A 4 3
♡ 2
♢ A B 8 2
♣ D B 10 5 3

Machen wir hier um Himmels Willen nicht den Schlafwagenangriff mit der Treff Dame, das wäre ein nahezu unverzeihlicher Fehler. Denn aus der gegnerischen Reizung wissen wir doch schon, daß unsere Partnerin auf Ost allerhöchstens eine, wahrscheinlich aber keine Karokarte besitzt und deshalb die Karos zweimal trumpfen können wird. Aus diesem Grund greifen wir siegessicher mit dem Karo As an. (Unsere Siegesgewißheit sollte uns allerdings nicht dazu verleiten, vorher Vier Coeur zu kontrieren, denn dann könnte einer der Gegner hellhörig werden und auf Fünf Karo ausweichen, die möglicherweise mit vier Karostichen, fünf Coeurstichen und Treff As, König erfüllt werden.) Auf unser Karo As gibt Ost nahezu *erwartungsgemäß* ein kleines Pik oder Treff. So. Jetzt kommt der Moment, der über Wohl oder Wehe entscheidet: wir müssen der Partnerin durch die Höhe der Karo-Karte, mit der wir sie zum ersten Mal schnappen schicken, ganz genau zeigen, in welcher Farbe sie uns für den zweiten entscheidenden Schnapper noch einmal erreichen kann. Das Mittel hierzu heißt wieder Vorzugsfarbensignal oder Lavinthal. Und da unser Karo Bube zu einer für die Karofarbe selbst gänzlich nutzlosen Karte geworden ist (Süd könnte ihn später ohne Schwierigkeiten herausoperieren), werden wir ihn dazu benutzen, lauthals nach dem PIK Rückspiel der Partnerin zu rufen, statt mit der Karo Acht nur zu flüstern oder – noch viel schlimmer – gedankenlos ein kleines Karo zu spielen und der Partnerin, der Wachsamen, damit ein *falsches* Signal zu geben. Es gilt also wiederum: mit der höchsten Karokarte rufe ich nach der höheren der beiden in Frage kommenden Farben (Pik/Treff). Um das Bild abzurunden, nur noch das Gegenbeispiel: als West halten wir nach der gleichen Reizung wie oben:

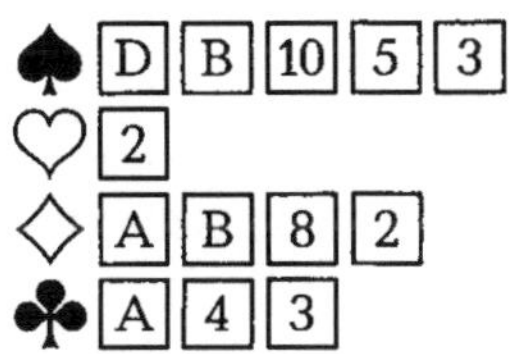

Wieder spielen wir das Karo As aus und „lavinthalisieren" anschließend mit der Karo 2, als deutlichem Signal für unser Treff As.

Wenn immer wir in Zukunft den Partner eine Farbe trumpfen lassen wollen, und das gilt auch für die vielen Fälle, in denen der Partner erkennbar ein Single ausgespielt hat, werden wir diese Farbe nicht zu schnell und gedankenlos zurückspielen, sondern uns erinnern:

WENN DU DEM FREUND 'NEN SCHNAPPER GIBST,
ZEIG IHM DAS RÜCKSPIEL, DAS DU LIEBST!

Auch im Sans ist Lavinthal ein gutes „Rankommer"-Signal.

Entgegen einer verbreiteten Auffassung – und wohl auch der ursprünglichen Absicht des Erfinders – sind Vorzugsfarbensignale auch und gerade beim Gegenspiel in Sans-Atout-Kontrakten effektvoll anzuwenden. Sehen wir uns dazu diese ganz alltägliche Hand an.

REIZUNG:	SÜD	NORD
	1 SA	3 SA

Wir sitzen auf West und halten:

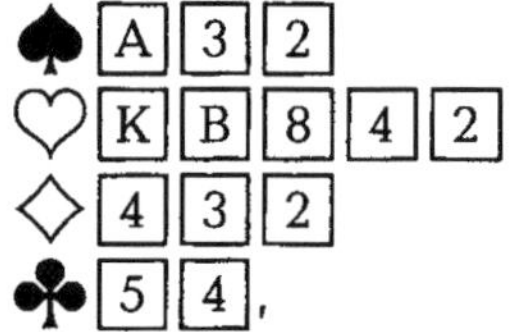

womit wir gegen 3 SA von Süd ausspielen dürfen, was wir mit der Coeur 4 auch gerne tun. Der Tisch hat drei kleine Coeur-Karten, und uns wird es schon außerordentlich warm um's Herz, als Ost die Coeur Dame spielt, die bei Stich bleibt. Ost spielt die Coeur 9 nach, die der Alleinspieler mit der 10 deckt. Wir nehmen diesen Stich mit dem Coeur B und wollen jetzt das Coeur As heraustreiben, das, wie wir wissen und Ost wissen sollte, in diesem Augenblick *blank* bei Süd steht. Um das blanke As herauszuholen, stehen uns drei Karten zur Verfügung, nämlich K, 8 und 2. Durch die bewußte Wahl einer dieser drei Karten können wir jetzt im dritten Stich unserem

Partner genau zeigen, in welcher Farbe wir unseren „Rankommer" (verzeihen Sie, ein scheußliches Wort, aber in weiten Kreisen sehr gebräuchlich, daher hier widerstrebend und in Anführungsstrichen verwendet) besitzen. Wir spielen also zum dritten Stich den Coeur *König* und das heißt unmißverständlich: Partner, falls Du zu Stich kommst, dann spiele bitte unverzüglich Pik!

Hätten wir hier ohne zu überlegen zum dritten Stich die Coeur 2 gespielt, dann hätte unser lavinthalbewußter Partner, mit Treff K bei Stich, auf Grund unseres *falschen* Signals Karo gespielt (Treff ist bei Anblick des Tisches natürlich ausgeschlossen) und der Alleinspieler hätte den Kontrakt mit Überstich erfüllt, statt zweimal down zu gehen, wie es sich gehört. Die ganze Hand:

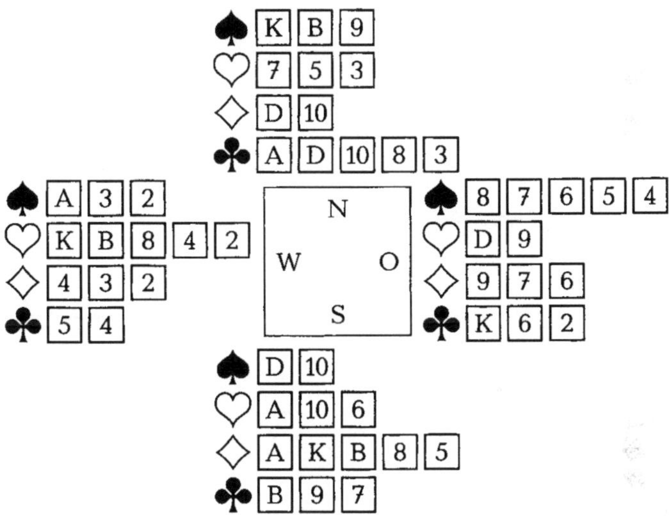

Abschließend zu dem Thema LAVINTHAL sei noch einmal betont: Vorzugsfarbensignale nach Lavinthal sollten wir nur dann anwenden, wenn sie unmißverständlich sind, d. h., wenn der Partner wissen muß, daß uns mehrere Karten in einer Farbe zur Verfügung stehen *und* daß unser Signal nicht die Farbe selbst, sondern *zwei andere* Farben betrifft. Wenn das dem Partner nicht sonnenklar sein kann und irgendwo der geringste Zweifel besteht, sollten wir lieber Abstand von Vorzugsfarbensignalen nehmen, um nicht den Partner zu absurden Maßnahmen zu verleiten und das Spiel zu „zerlavinthalisieren“. In den vorangegangenen Teilkapiteln 30 a) und 30 b) haben wir die beiden sonnenklaren Situationen – Single am Tisch und Partners Schnapper – kennengelernt, in denen wir im *Farbkontrakt* unbedingt das richtige Lavinthalsignal geben müssen. Und auch in der häufig auftretenden Gegenspielsituation des Teilkapitels 30 c) müssen wir im entscheidenden Augenblick (Spiel zur dritten Coeur-Runde) daran denken:

AUCH IM SANS IST LAVINTHAL
EIN ÄUSSERST WICHTIGES SIGNAL.

KAPITEL 31

Ist der Tisch in Einstichnöten, muß man schnell den letzten töten.

Der Alleinspieler, links oder rechts von uns, muß die vertraglich vereinbarten 3 SA erfüllen. Wir tun zunächst einmal das, was jeder brave Gegenspieler nach erfolgtem Angriff macht: wir sehen uns den Tisch und unsere eigene Hand genau an, stellen uns vor, wie das Alleinspiel voraussichtlich verlaufen wird, und überlegen uns, wie und wo wir dem Alleinspieler die Suppe versalzen können. Mit anderen Worten, wir machen, während der Alleinspieler seinen Spielplan schmiedet, einen Gegenspielplan. Wenn wir bei dieser Betrachtung des Tisches feststellen, daß er

1. eine lange, lange Farbe,
2. sehr wenige Einstichmöglichkeiten (Übergänge)

besitzt, dann werden wir in erster Linie versuchen, die Einstichnot des Tisches so schnell wie möglich zu verschlimmern, indem wir rasch den Einstich des Tisches abräumen, solange die Lange noch nicht hoch ist. Reiner Destruktivismus muß in so einem Fall unser Denken und Handeln bestimmen, leider. Aber Zeit tut not, und moralische Bedenken oder philosophische Betrachtungen sind nicht am Platz.

Ein einfaches Beispiel: Wir sitzen auf Ost und unser Partner greift mit dem Pik Buben gegen 3 SA von Süd an. Der Tisch kommt herunter und wir sehen:

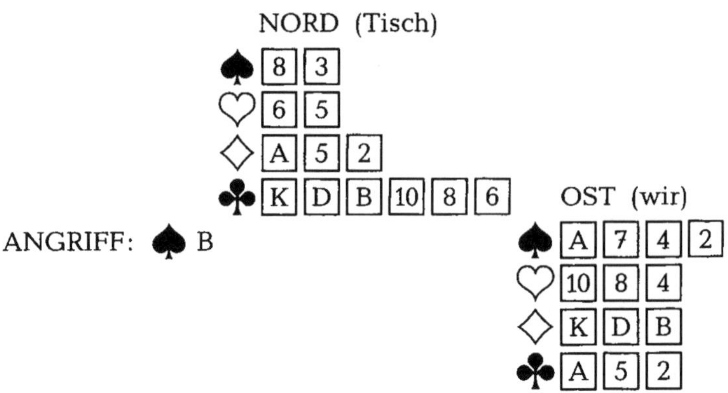

Der Anblick der Trefflänge des Tisches muß uns wachrütteln. In wachem Zustand können wir nämlich voraussehen, was passieren wird: der Alleinspieler besitzt zweifellos Pik K und D, denn unser Partner hat vermutlich von Pik B 10 9 x (x) angegriffen. Wir setzen also auf jeden Fall das Pik As ein. Wenn Süd jetzt ein kleines Pik zugibt, hatte er ursprünglich K D x und stoppt die Pikfarbe zweimal. Und in diesem Fall droht Entsetzliches: unser Pik-Rückspiel wird vom Alleinspieler genommen, der sofort Treff spielt, am Tisch übernimmt und solange Treff vom Tisch spielt, bis unser Treff-As fällt. Unser zweites Pikrückspiel gewinnt der Alleinspieler mit seiner zweiten Hochfigur und geht jetzt mit Karo hinüber zum Tisch, um drei weitere Treffstiche einzusacken. Auf diese Weise produziert der Tisch nicht weniger als sechs Stiche.

Nicht mit uns, mein Herr Alleinspieler! Wir können immerhin sehen, daß Ihr Karo As am Tisch Ihr letzter Einstich ist, nachdem Sie die Treffs hochgespielt haben. Wir werden Ihnen deshalb nicht den Gefallen tun und Pik weiterspielen, sondern sofort unseren Karo König nachspielen. Sie mögen sich zwar noch ein Weilchen zieren, aber das nützt Ihnen nichts, mein Herr! Wir spielen Karo weiter, bis Sie Ihr As vom Tisch nehmen müssen. Jetzt ist Ihr schöner Tisch nur noch drei Pfifferlinge wert, denn außer Karo As und zwei Treffstichen, die wir Ihnen überlassen müssen, um die Verbindung zwischen Ihrer Hand und dem Tisch wirklich zu zerstören, macht der Tisch nichts mehr. Vielleicht machen Sie noch immer 3 SA, falls Sie Coeur A K D B in Ihrer Hand haben, aber eines ist sicher: hätten wir zum zweiten Stich Pik zurückgespielt, dann hätten Sie elf Stiche erzielt. Wie gesagt, nicht mit uns!

Etwas schwieriger wird es schon hier: wieder spielt Süd 3 SA und wieder spielt unser Partner West den Pik Buben aus. Der Tisch kommt uns schon bekannt vor:

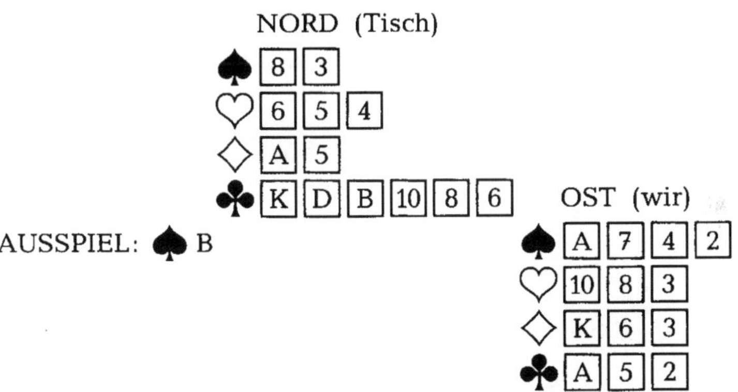

Unsere Gegenspielplanüberlegungen bewegen sich in derselben Richtung wie bei dem vorigen Beispiel. Diesmal haben wir allerdings nicht die komfortable Karoausrüstung (K D B) wie eben. Unsere Gedanken zum voraussichtlichen Verlauf des Alleinspiels sind aber die gleichen: wenn wir nichts gegen das Karo As des Tisches unternehmen, wird dieser sechs Stiche (5 Treffstiche und Karo As) produzieren, darüber besteht überhaupt kein Zweifel. Und aus diesem Grund werden wir unseren schönen Karo König *opfern*, um das Karo As vom Tisch zu entfernen, solange wir noch das Treff As haben. Es ist durchaus möglich, daß der Alleinspieler in Karo D B x hält und der Opfergang des Karo Königs – eines sicheren Stiches – dem Alleinspieler *diesen* Stich schenkt. Wir wissen aber, daß wir auf jeden Fall gut investiert haben, denn der Tisch kann nur noch drei, nicht mehr sechs Stiche machen. Ein gutes Geschäft. Wenn wir also zum Stich Nr. 2 unseren Karo König geopfert haben, dann haben wir den sogenannten DESCHAPELLES- oder MERRIMAC-Coup gespielt, der in der Literatur unter diesen exotischen Namen besungen wird. Nennen wir ihn vielleicht für unsere Zwecke den Tisch-Tot-, kurz TITO-Coup, das merkt sich leichter.

Setzen wir uns mal hinüber nach West. Die Reizung ging z.B. so:

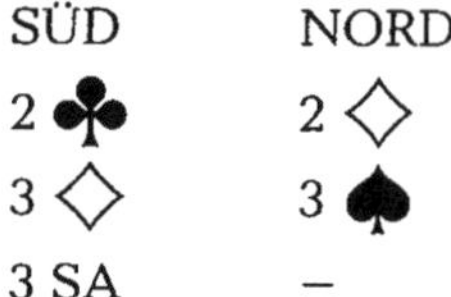

Wir greifen mit der Coeur Dame an und sehen:

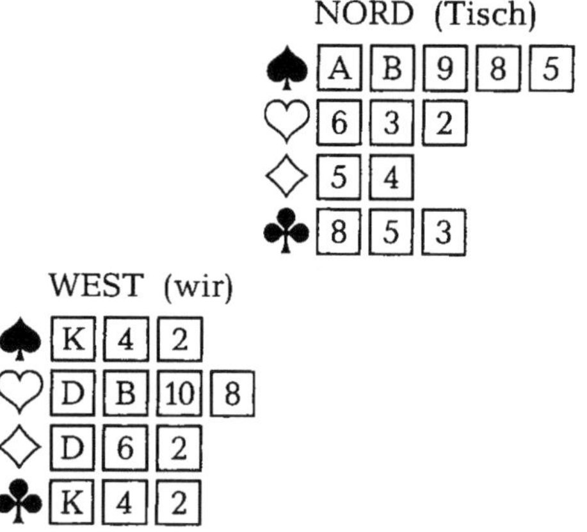

Der Alleinspieler nimmt unsere Coeur Dame mit dem As und spielt Pik 10. Aufgepaßt! Zweiter Mann, so klein er kann? Ist zwar auch ein Bridge-Merkvers, der nur den Nachteil hat, im Gegensatz zu den Merkversen des vorliegenden Werkes gelegentlich nicht richtig zu sein. Es denkt der zweite Mann, so gut er irgend kann. Das stimmt schon eher, denn Denken ist im Augenblick wichtiger, als zweifelhafte Verse zu zitieren. Wenn wir in Pik klein bleiben, passiert doch folgendes: der Alleinspieler gibt klein vom Tisch, und unser Partner Ost darf den Stich mit der Pik Dame gewinnen. Anschließend kommt der Alleinspieler mit irgendeiner anderen Farbe zu Stich und spielt sein zweites – und wahrscheinlich letztes – Pik. Er wiederholt erfolgreich den Schnitt gegen unseren König, der dann im nächsten Stich unter das As fällt. Der Tisch macht auf diese Weise sage und schreibe vier Pikstiche. Das ist ohne allzu viel Phantasie voraussehbar. Was ist aber, wenn wir als zweiter Mann die Pik 10 mit unserem Pik König decken? Da gibt es zwei Möglichkeiten. Beide sind gleich gut für uns, besonders die erste, haha:

1. Der Alleinspieler läßt uns bei Stich. Wir setzen mit Coeur B fort, den Süd nimmt, um sein zweites (letztes?) Pik zu spielen. Wir geben die Pik 2. Falls der Alleinspieler jetzt den Pik-Schnitt (gegen „unsere" Dame) wiederholt, nimmt Ost voller Dankbarkeit den Stich und der Tisch hat *Null* Pikstiche gemacht.

2. Der Alleinspieler nimmt, ohne jede Hoffnung auf weitere Pikstiche, unseren König mit dem As des Tisches, und damit ist der Tisch schon wieder das, was wir ihn machen wollten, nämlich tot (mause-).

Diesen Coup, für den es in der Literatur noch keinen Namen gibt, wollen wir den TITO II-Coup nennen, den Tisch-Tot-Coup in zweiter Hand. Wichtig ist halt dabei, genau wie beim TITO III, daß wir die Länge des Tisches in Verbindung mit der Übergangschwäche deutlich erkennen und uns erinnern:

IST DER TISCH IN EINSTICH-NÖTEN
MUSS MAN **SCHNELL** DEN LETZTEN TÖTEN!

KAPITEL 32

Auch im gepflegten Gegenspiel bringt Ducken und Verweigern viel.

Beim zweiteren ist eines wichtig: Markier die Länge immer richtig!

Den Gegensatz vom Ducken zum Verweigern hatten wir in den Kapiteln 5 und 6 über gepflegtes Alleinspiel besprochen:

Ducken heißt: nicht nehmen, um die Verbindung zwischen den eigenen Händen aufrechtzuerhalten.

Verweigern heißt: nicht nehmen, um die Verbindung zwischen den gegnerischen Händen zu zerstören.

Nun sind Ducken und Verweigern keineswegs Privilegien des Alleinspielers. Auch im Gegenspiel sind beide Spieltechniken sehr häufig mit Erfolg anzuwenden.

1. DUCKEN

Die Reizung ging: (N/S in Gefahr)

NORD	OST	SÜD	WEST
1 ♢	2 ♡*	2 SA	–
3 SA	–	–	–

*) schwacher Sprung

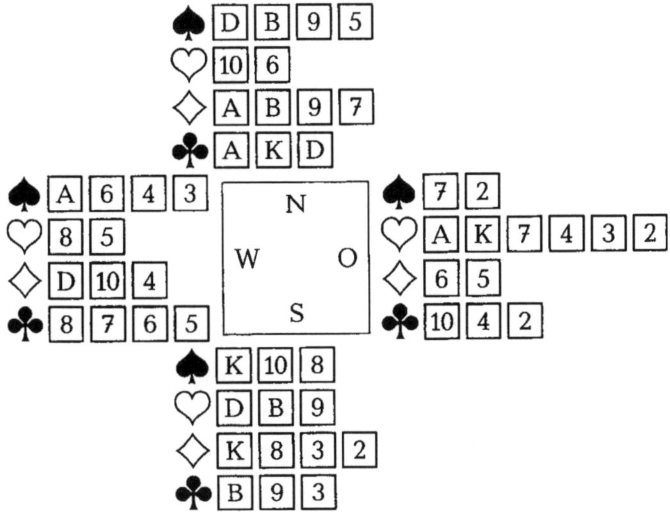

West, als braver Partner, glaubt Ost und spielt Coeur 8 aus. Der Tisch gibt die 10. Ost betrachtet seine Hand und sieht, daß er außer Coeur A, K kein weiteres Entree hat. Wenn er den ersten Stich mit einer Figur nimmt, kann seine Hand nur zwei Coeurstiche machen, denn die dritte Coeurrunde wird vom Alleinspieler mit Sicherheit gestoppt, nachdem dieser 2 SA geboten hat. Wenn Ost aber den *allerersten* Coeurstich *duckt,* besteht noch die Möglichkeit, daß West, mit Pik As bei Stich, sein zweites und letztes Coeur spielt: jetzt kann Ost übernehmen und vier weitere Coeurstiche herunterradeln. Das Prinzip ist genau das gleiche wie beim Alleinspiel (Ist Dein Dummy lang und schwach...): Ost hat durch Ducken die Verbindung zwischen seiner langen, schwachen Hand und der Hand des Partners solange aufrechterhalten, wie es nötig war, um die zahllosen kleinen Coeurkarten zu echten Stichen heranreifen zu lassen. Ost muß aber tatsächlich die *erste* Runde ducken, sonst ist es zu spät. Für die dritte Coeurrunde hätte West kein Coeur mehr, wenn er mit Pik As zu Stich kommt.

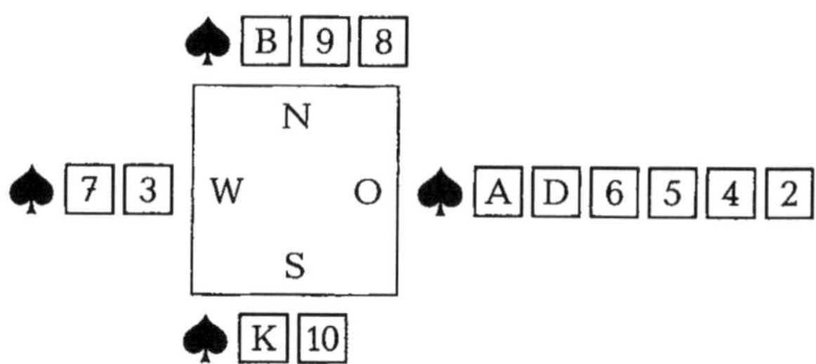

Ost hat Pik dazwischengereizt. West spielt gegen 2 SA von Süd die Pik 7 aus, der Tisch gibt die 8. Ost, der außer Pik kein weiteres Entree hat, also wieder lang und schlapp ist, *duckt* sofort. Nicht einmal die Dame darf Ost einsetzen, weil dann später der Pik Bube des Tisches die Piklawine von Ost noch einmal aufhielte. Ost *muß klein* Pik spielen. Der Alleinspieler gewinnt mit der 10. Wenn West nun im weiteren Verlauf frühzeitig drankommt und die Pik 5 nachspielt, weiß Ost, der immerhin bis 13 zählen kann, daß jetzt der Pik König blank bei Süd steht, und spielt sein Pik As (der König fällt), die Dame (Nords Bube fällt) sowie drei weitere Pikrunden: 2 SA – 1. Hätte Ost beim ersten Stich As oder Dame eingesetzt, hätte er genau einen Pikstich gemacht. Der Unterschied zwischen Ducken und Nichtducken beträgt hier nicht weniger als vier Stiche!

2. VERWEIGERN (Hold up).

Oft muß man es als Gegenspieler ablehnen, einen Stich frühzeitig zu nehmen, um dadurch die Verbindung zwischen Tisch und Hand zu zerstören. Süd spielt z.B. 3 SA:

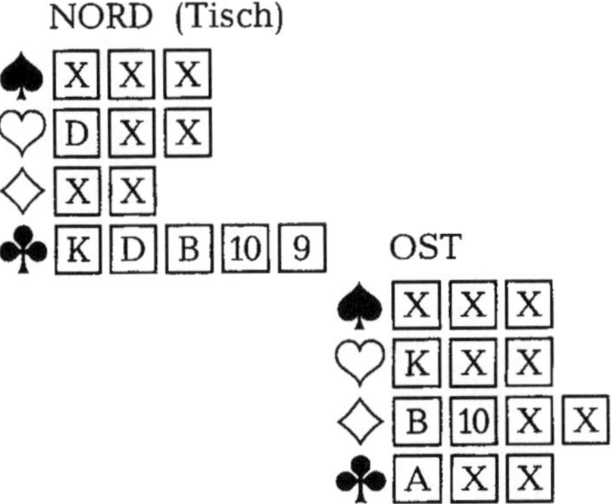

Wenn der Alleinspieler zu irgendeinem Zeitpunkt dieser Partie Treff spielt, darf Ost nicht sofort mit dem As nehmen. Wie Ost sehen kann, ist Treff die einzige Verbindung zwischen dem Alleinspieler und seinem Dummy. Um diese Verbindung zu zerstören, darf Ost erst dann das Treff As einsetzen, wenn Süd zum nächsten Stich kein Treff mehr hat, um den Tisch zu erreichen und weitere Treffstiche einzuheimsen:

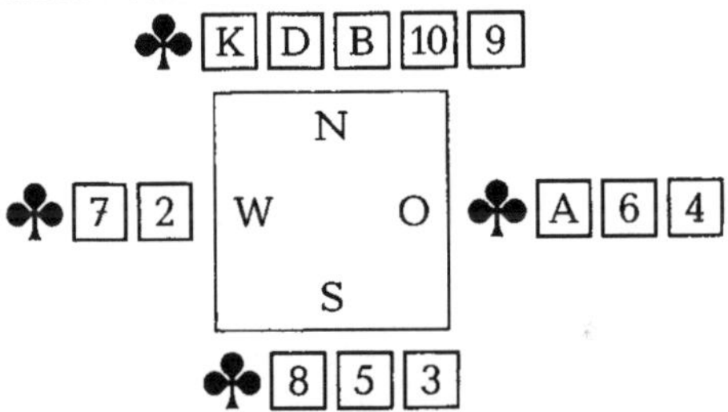

In diesem Fall muß Ost zweimal verweigern und darf erst die dritte Treffrunde mit dem As nehmen. Hingegen:

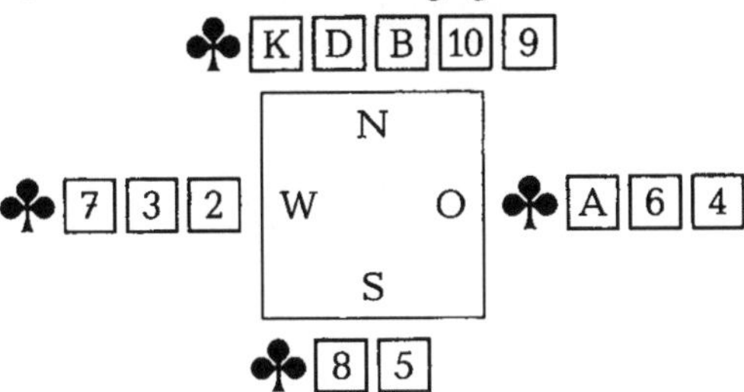

Im zweiten Fall braucht Ost nur *einmal* zu verweigern und muß schon die zweite Treffrunde mit dem As gewinnen, um dem Alleinspieler nicht einen überflüssigen Stich zu schenken. Woher weiß aber Ost, wie oft er verweigern muß? Soll er hier „für alle Fälle" zweimal verweigern, um ganz sicher zu gehen? Nein, dazu sollten alle Ostspieler viel zu geizig sein. Verschenkt wird nichts. Die Antwort, was hier zu tun ist, gibt West mit seiner ersten Treffkarte. Das Stichwort lautet: LÄNGENMARKE, und in diesem Zusammenhang wird die kategorische Behauptung aufgestellt, daß es OHNE LÄNGENMARKE KEIN GUTES GEGENSPIEL geben kann. West muß in dieser Situation – wie in unzähligen anderen auch – seinem Partner genau *zeigen*, wie viele Treffkarten er hat, damit Ost *zählen* kann, wie viele Treffkarten der Alleinspieler besitzt, um dann mit diesem *Wissen* entsprechend oft oder selten zu verweigern.

Längenmarken sind eigentlich sehr einfach zu lernen und wir sollten unsere Scheu davor ablegen: Man zeigt mit

Hoch-Niedrig eine GERADE KARTENZAHL (2 - 4 - 6) und mit
Niedrig-Hoch eine UNGERADE Kartenzahl (1 - 3 - 5)

und das ist schon das ganze Geheimnis.

Im ersten Beispiel:

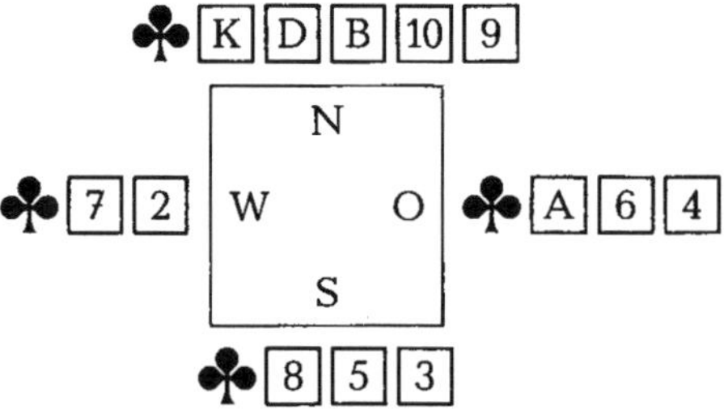

spielt West auf die erste Treffrunde seine 7 (Hoch). Ost betrachtet sie aufmerksam und kommt zu dem sicheren Schluß: Aha! Das ist zweifellos der Anfang einer Hoch-Niedrig-Längenmarkierung. West zeigt mir damit schon, daß er nur zwei (eine gerade Anzahl) Treffkarten hat. Ich sehe also, daß dann Süd drei Treffs hat, und muß deshalb zweimal verweigern, um die Verbindung zwischen Hand und Tisch nachhaltig zu unterbrechen.

Im zweiten Beispiel

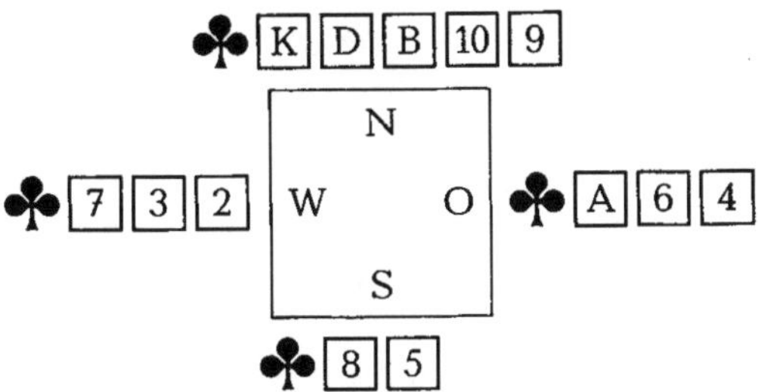

gibt West auf die erste Treffrunde seine 2 und signalisiert damit eindeutig eine ungerade Treffkartenzahl (1 - 3 - 5). Wieder hat Ost das beglückende Aha-Erlebnis: entweder hat West *drei* Treffkarten, dann hat Süd nur zwei und ich muß deshalb schon die zweite Treffrunde mit dem As nehmen, oder aber West hatte nur *eine* Treffkarte, dann hat Süd vier. Auch in diesem Fall nehme ich den zweiten Stich mit dem As, weil ich die Verbindung zwischen Tisch und Hand ohnehin nicht unterbrechen kann.

Durch Wests Längenmarke inspiriert, tut Ost also jeweils genau das Richtige und tappt nie im Dunkeln. Das ist meistens, und ganz besonders im Paarturnier, äußerst wichtig, um dem Gegner durch überflüssiges Verweigern nicht einen Extrastich zu verehren, der ihm gar nicht zusteht:

AUCH IM GEPFLEGTEN GEGENSPIEL
BRINGT DUCKEN UND VERWEIGERN VIEL.

BEIM ZWEITEREN IST ÄUSSERST WICHTIG:
MARKIERT DIE **LÄNGE** IMMER RICHTIG!

NACHWORT

Das Ende naht, der Platz wird knapp.
Nach „Viertem Bübel" und „Schnipp-Schnapp",
nach „Single-Ausspiel" und „Plemm-Plemm"
und „Tisch-Umkehr" im Kleinen Schlemm,
nach „Lavinthal" und „Hochansagen"
wird mancher Leser sich jetzt fragen:

Das Buch ist zwar ganz hübsch und nett,
doch ist's bei weitem nicht komplett:
zum Beispiel nur, wo find' ich dieses:
was tue ich im Fall des Squeezes,
der, wie man hört, nur funktioniert,
wenn man den „Count rektifiziert"?
Wie kann ich, ohne mich zu quälen,
die gegnerischen Karten „zählen",
um mit Infer- und Konsequ-enzen
die Spielkunst vollends zu ergänzen?
Auch fehlen Trumpf- und Grosser-Coup!
Hier drückt den Autor wohl der Schuh?

Die Antwort lautet: Nein, mit nichten!
Er wollte v o r e r s t drauf verzichten,
auch diese Themen zu bedichten
und hier darüber zu berichten.
Dies Buch soll nur den Bügel halten,
dem Reiter, und das Zügelhalten,
den rechten Sitz im Sattel lehren
und ihm das Leben nicht e r s c h w e r e n.

Erst wenn das Reiten ihm dann Spaß macht,
weil wissend, wie man dies und das macht,
soll er den Blick nach vorne lenken

und an die Hohe Schule denken.
Und ist er erst einmal so weit,
so viel sei heut' schon prophezeit,
liegt auch ein Buch für ihn bereit,
das dann erscheint zur rechten Zeit:

„Die Hohe Schule, Coups und Squeezes"
– in vierzig Versen – grad' wie dieses!